Bitte schickt mich in die Wüste

Entschleunigung im Sand

Sonja Warter

BITTE SCHICKT MICH IN DIE WÜSTE

SONJA WARTER

Illustration & Umschlaggestaltung: Lisa Keskin

Korrektorat: Dr. Gabriele Schweickhardt

Fotos (w. n. a. a.): Sonja Warter, Weltweitwandern GmbH.

Coverbild: wirestock, Freepik Premium

Druck und Vertrieb im Auftrag der Autorin/des Autors: Buchschmiede von Dataform Media GmbH, Wien

ISBN:

978-3-99152-465-6

202021032

PRINTED IN
AUSTRIA

Foto: Freepik Premium

Der Tag vor der Abreise

Der Tag vor der Abreise

Am Abend des 25. Dezember saß Sarah allein in ihrem Wohnzimmer und starrte vor sich hin. *Was habe ich mir nur dabei gedacht?,* fragte sie sich. Vor drei Monaten hatte sie die Idee noch aufregend und irgendwie cool gefunden. Jetzt überkamen sie Schweißausbrüche, obwohl es in ihrer Wohnung nicht übermäßig warm war.

Im Vorzimmer stand eine fix und fertig gepackte Reisetasche, die Wanderschuhe waren vorbereitet, der Boardingpass für den nächsten Tag am Handy gespeichert. Noch konnte sie die Sache absagen, wenn auch zu einem hohen (finanziellen) Preis. Aber wäre das nicht auch eine charakterliche Niederlage? Außerdem hatte sie schon so vielen Menschen von ihren Plänen erzählt. *Irgendwie schon peinlich, wenn ich jetzt allen sagen müsste, dass ich mich nicht getraut habe. Eigentlich sind es ja nur zehn Tage. Das muss ich doch schaffen!*

Gerade war sie von der Weihnachtsfeier mit der Familie zurückgekommen, damit sie es morgen rechtzeitig zum Flughafen schaffen konnte. Es war das zweite Weihnachtsfest gewesen, seit sie sich von ihrem Lebensgefährten - ausgerechnet am 24. Dezember - getrennt hatte. Das erste hatte sie praktisch ignoriert und war mit einer Freundin nach Italien gefahren. Dieses war nun also verkürzt, und das war ihr im Grunde recht, sie wollte keine Erinnerungen aufkommen lassen. Doch war sie sich nicht mehr sicher, ob sie mit der Entscheidung für diese Reise nicht etwas übertrieben hatte. Hatte sie sich vielleicht - noch dazu von einer praktisch Unbekannten - etwas einreden lassen, das so gar nicht Ihres war?

Im Sommer hatte sie erstmals eine einwöchige geführte Wanderreise mit einer kleinen Gruppe gemacht, in der sie niemanden vorher gekannt hatte. *Das ist allerdings in Europa gewesen,* relativierte sie in Gedanken. *Und ich habe ein Einzelzimmer in einer schönen Unterkunft gehabt.* Der Urlaub hatte ihr jedenfalls gefallen. *Ich habe sogar neue Freunde gewonnen.* Bei dieser Reise hatte ihr eine Gruppenteilnehmerin vorgeschwärmt, wie schön es in der Wüste sei. *Die hat so vom Sternenhimmel geschwärmt und vom fast meditativen Wandern im Sand.* Das hatte sich fantastisch angehört.

Nach ihrer Rückkehr hatte Sarah sogleich die empfohlene Reise ergoogelt und ernsthaft begonnen, darüber nachzudenken. Danach hatte sie noch einige Zeit versucht, eine Freundin zum Mitkommen zu bewegen. Doch daraus war nichts geworden. Nachdem sie online verfolgt hatte, dass die Plätze bei der ausgewählten Reise immer weniger wurden, hatte sie sich irgendwann gesagt: jetzt oder nie! Und gebucht.

Nun stand der große Tag bevor. Morgen Vormittag würde ihr Flug nach Marrakech gehen und am Tag danach sollte der Aufbruch mit einer ihr unbekannten Gruppe in die Wüste stattfinden. Sie hatte jetzt richtig Angst vor der eigenen Courage.

Warum habe ich keine andere Marokko-Reise ausgesucht? Eine, die etwas weniger herausfordernd ist. Eine mit Unterkunft im Hotel und Besichtigung der Königsstädte zum Beispiel. Die sollen ja sehr schön sein. Aber nein, ich habe es wieder einmal übertreiben müssen. Sieben Tage Wüste – und nicht irgendeine kleine, harmlose, nein, gleich die Sahara! Mit Übernachtung im Zelt, ohne Strom und Wasser. Das bedeutet sieben Tage keine Dusche, sieben Tage nicht Haare waschen, sieben Tage kein WC, sieben Tage kein Internet und sieben Tage keine Möglichkeit, Freunde oder Familie zu Hause zu sprechen. Warum nur habe ich genau diese Reise gebucht?

Das letzte Mal in einem Zelt geschlafen hatte sie, als sie ein Kind war. Aber selbst das war auf einem Campingplatz mit Infrastruktur in Kroatien gewesen. Ihr fielen wieder Freunde ein, die sie vor Skorpionen und anderen Tieren in der Wüste gewarnt hatten oder die von Entführungen in Marokko berichteten, von denen sie gelesen hatten. Das machte ihr allerdings noch vergleichsweise wenig Sorgen.

Aber was ist, wenn ich krank werde und nicht mehr weiterkann? So ein Reisedurchfall – in Marokko ist so was schließlich keine Seltenheit – kann ja sehr schwächen. In der Wüste wird es aber nicht möglich sein, sich einfach im Hotel auszukurieren. Ich werde fünf bis sechs Stunden am Tag gehen müssen, komme, was da wolle. Wie bescheuert bin ich eigentlich?

Okay, es gab ein Begleitteam inklusive Koch – also Menschen, die für die Versorgung der Gruppe zuständig waren. Die würden im Notfall schon irgendwie helfen.

Trotzdem, sie hatte Angst. Noch mehr, wenn sie an ihren linken Fuß dachte, den sie vor ein paar Wochen beleidigt hatte und der noch immer nicht wieder vollständig fit war. Deswegen hatte sie auch nicht wandern gehen können zur Vorbereitung. *Was, wenn meine Kondition nicht reicht?*

Das Gedankenkarussell drehte sich unaufhörlich. Sie konnte es nicht abstellen, aber sie fasste zumindest einen Entschluss. Sie würde nicht in letzter Sekunde kneifen. Dafür war sie eindeutig zu stur. Sie würde es durchziehen.

Ihr Hauptgepäck wog 14,9 Kilo. 15 Kilo war das Limit. Punktlandung also. Das war doch sicher ein Zeichen? Mit diesem Gedanken ging sie schlafen. Morgen um diese Zeit würde sie schon in Marrakech sein.

Angekommen

Angekommen

Am nächsten Tag war Sarah immer noch nervös. Doch bereits der Flug war vielversprechend. Bei prächtigstem Wetter ging es über Kroatien, die italienische Küste und Sardinien. Dann das absolute Highlight: Sie näherten sich von Osten langsam Marokko und nahmen dabei eine Route über die algerische Sahara. Schon von oben hatte Sarah das Gefühl, gleich in ein ganz anderes Leben einzutauchen.

Nach etwa vier Stunden landete die Maschine in Marrakech bei strahlendem Sonnenschein und T-Shirt-Temperaturen. Wie vom Reiseveranstalter empfohlen, wechselte Sarah noch am Flughafen einige Euros in marokkanische Dirham. Sonst würde sie nicht einmal das Abendessen bezahlen können. Ein Team des Reiseveranstalters holte sie am Flughafen ab und brachte sie gemeinsam mit einigen anderen mit einem Kleinbus zum gebuchten **Riad** in der Medina von Marrakech.

Bis zum Haus kamen sie allerdings mit dem Auto nicht, es lag mitten im **Souk**, und damit in einer Art Fußgängerzone. Nachdem sich Sarah schon halb darauf eingestellt hatte, nun ihr Gepäck bis zum Riad selbst schleppen zu müssen, tauchte ein einzelner Mann mit einem überdimensionalen Handwagen auf, lud wortlos das Gepäck der gesamten Gruppe auf und schob es ganz allein bis zum Ziel, während die Gruppe staunend hinterhertrottete. Transport auf Marokkanisch eben!

Bald darauf bezog sie im Riad ihr Zimmer. Es lag im Erdgeschoß hinter einem weiß-blau gefliesten Innenhof mit vielen Pflanzen und einem kleinen Brunnen. Das Zimmer selbst war klein und fensterlos. Zum Absperren gab es ein Hängeschloss. Lustig fand sie vor allem die Dusche, denn sie sah aus wie eine aufgestellte, gemauerte Tonne, die man durch eine Art Torbogen betrat. Wie man da duschte, ohne das ganze Bad unter Wasser zu setzen, war ihr unklar.

Etwa eine Stunde später traf sich die gesamte Wüstengruppe zum ersten Mal. Als Sarah die Dachterrasse betrat, hockte der Großteil ihrer zukünftigen Mitreisenden bereits auf Polstern unter einem Baldachin. Sie betrachtete ihre Begleiter für die nächste Woche: Es waren acht Frauen und zwei Männer. Wie sich bald herausstellen sollte, waren keine Paare dabei.

Riad

Das Wort ist arabisch und bedeutet »Garten«. In Marokko sind damit traditionelle Altstadtpalais mit Innenhof gemeint. In Marrakech befinden sie sich mitten im Souk und werden oft durch eine unscheinbar wirkende Tür betreten. Die Innenhöfe sind meist nach oben offen, oft üppig bepflanzt, die Wände mit Mosaiken bedeckt, häufig gibt es einen Brunnen. Die Zimmer verteilen sich meist rund um den Innenhof über mehrere Etagen. Oft haben sie keine Fenster nach außen, wenn überhaupt, dann nur in den Innenhof. So bleibt zumindest ein Teil des Straßenlärms draußen. Gäste werden in den Riads mit Tee und Keksen begrüßt. Heute gehören viele dieser Gebäude Europäern.

Le Grand Balcon du Café Glacier

Souk

Als Souk bezeichnet man den Markt in einer arabischen Stadt. Jener von Marrakech ist der größte und bekannteste in Marokko. Er befindet sich mitten in der Medina, der Altstadt, und existiert schon seit vielen Jahrhunderten. Hier findet man alles – von Gewürzen über das berühmte marokkanische Arganöl bis hin zu Ledertaschen und Textilien. Selbst Musikinstrumente und Lampen werden da verkauft. Jedes Gewerbe ist in einer eigenen Straße untergebracht. Außerdem gibt es Garküchen, in denen frisch gekocht wird. Ein Souk ist quasi ein Fest für alle Sinne. Doch Achtung! Ein Labyrinth ist ein Orientierungsparadies dagegen. Tief hinein wagen sollte man sich am besten nur in Begleitung eines Einheimischen.

Das war immer ihre Befürchtung gewesen: sich als Alleinreisende in einer Gruppe mit lauter Paaren zu befinden und so etwas wie das fünfte Rad am Wagen zu sein. Diese Sorge war also schon einmal unbegründet.

Als alle da waren, erläuterte Said, der die Gruppe während der Woche als Guide begleiten sollte, ganz kurz, wie es weitergehen würde. »Morgen fahren wir in die Wüste. Stellt euch darauf ein, dass die Fahrt sehr lange dauern wird. Daher müsst ihr schon um fünf Uhr frühstücken und um sechs Uhr zur Abfahrt bereit sein.«

Sarah schluckte. Nach Erholung klang das nicht, besonders nicht für eine Langschläferin wie sie. *Egal, jetzt bin ich hier und bisher ist alles gut verlaufen.* Sie schloss die Augen und nahm sich vor, sich ab nun einfach auf alles einzulassen, was kommen würde.

Der Gauklerplatz

Die Gruppe beschloss, kurz danach gemeinsam zum Abendessen auf den berühmten Place Jemâa el Fna, den Gauklerplatz, zu gehen. Als sie aufbrachen, war es noch hell und der Platz wenig belebt. Da der Hunger bei den meisten groß war – Flugzeugessen ist eben auch nicht mehr, was es einmal war –, entschieden sie sich für ein Lokal ums Eck, mit Dachterrasse und Blick auf den Platz. Dort gab es alles, was das Touristenherz begehrte, und das sicher auch zu Touristenpreisen: **Tajine, Pastilla, Couscous** & Co. Für Europäer immer noch günstig. Und vor allem gut! Dazu natürlich keinen Alkohol, sondern Minztee. Für Sarah war der kulinarische Auftakt schon einmal gelungen.

Dann setzte die Dämmerung ein. Der Platz füllte sich. Und Sarah fand sich plötzlich im Zauber des Orients wieder. Eine Beschreibung, die sie wohl zu Hause für absurd und übertrieben gehalten hätte. Sie fühlte sich wie in einer anderen Welt, fast, als ob sie in einer Filmkulisse wäre und dahinter das wahre Leben. Der vorher fast leere Jemâa el Fna hatte sich belebt, allerlei Verkaufsstände und Garküchen waren plötzlich da. Sie hörte betörende Flötenmusik und eine Art Trommeln, die immer wieder die vielen Stimmen übertönten, sie roch Gebratenes und exotische Gewürze, während sie gleichzeitig sah, wie sich der Himmel orange färbte und es langsam immer dunkler wurde.

Nachdem die Sonne untergegangen war, hatte es deutlich abgekühlt. Dennoch beschloss die Gruppe, nun gesättigt und voller Tatendrang, den Gauklerplatz aus der Nähe zu besichtigen und so richtig in das »1000-und-eine-Nacht-Feeling« einzutauchen. Unten angekommen beobachtete Sarah Menschen in Kutten – den sogenannten Djellabas –, die ihren Trägern eine gewisse Ähnlichkeit mit den Mönchen aus »Der Name der Rose« verliehen, und lauschte den Rufen der Muezzins, die zwar asynchron und weniger melodisch als in Istanbul waren, aber dennoch beeindruckend.

Immer wieder riss sie sich selbst fast gewaltsam aus ihrer Faszination, um nur ja nicht den Anschluss an die Gruppe zu verlieren. Sie war sich sicher, dass sie nie im Leben allein zum Riad zurückfinden würde. Sie hätte nicht einmal gewusst, wie und wen sie danach fragen sollte. Vom Gauklerplatz selbst gingen viele kleine Gässchen ab, die immer tiefer in den Souk führten. Auch ihre Mitreisenden hatten offenbar Angst, sich zu verlaufen. Deswegen gingen sie immer nur ein Stück in so ein Gässchen hinein und denselben Weg wieder zurück. Richtige Anfänger eben!

Tajine, Couscous & Pastilla

In der marokkanischen Küche mischen sich die Einflüsse vieler Kulturen. Gern werden Gewürze wie Ingwer, Kreuzkümmel oder Kurkuma verwendet. In der Würzmischung »Ras el-Hanout« sind beispielsweise bis zu 45 Einzelaromen enthalten. Ein typisches marokkanisches Gericht ist die Tajine, die im gleichnamigen Tontopf schonend als One-Pot-Gericht zubereitet wird. Sie kann praktisch jedes Fleisch und Gemüse enthalten. Es gibt ungezählte Varianten davon, auch rein vegetarische. Während eine Tajine ein Gericht für sich ist, ist Couscous eine Beilage auf Basis von Hartweizengrieß, die zu Fleisch oder Gemüse serviert wird. Besonders raffiniert ist die Pastilla. Es handelt sich dabei um mit Fleisch oder Fisch sowie Zimt-Mandel-Paste und Zwiebelpüree gefüllte hauchdünne Teigblätter, die kross gebacken werden. Ein Muss für Marokko-Reisende!

Wer wollte, hätte auch am Platz selbst schon einiges kaufen können. Von Früchten über Gewürze bis Kochutensilien und Kosmetika gab es da alles. Die Teekannen und Lampen erinnerten Sarah irgendwie an die Fernsehserie »Bezaubernde Jeannie«.

Ein Stück weiter gab es Märchenerzähler, um die sich die Leute in Gruppen geradezu scharten. Sarah hätte zu gern verstanden, um welche Geschichte es ging. Der Gestik des Erzählers nach um eine aufregende. Und dann sah sie, was es mit der Flötenmusik auf sich hatte, die sie schon von oben gehört hatte. Die Flötenspieler lockten damit Schlangen aus ihren Körben und legten sie, gegen Geld versteht sich, neugierigen Touristen um die Schultern. Brrrr! Die Musik ließ Sarah träumen, aber eine Schlange?! Never ever! Es gab auch eine Art selbst ernannten Zahnarzt, der mit den »erbeuteten« Zähnen vor sich auf dem Tisch warb. Auch auf diese Dienste konnte Sarah gern verzichten. Außerdem wurden am Gauklerplatz alle möglichen Spiele – zumindest hielt sie sie dafür – gespielt.

Bei einem mussten die Teilnehmer mit einer Art riesiger Angelrute Limonadenflaschen »fischen«.

Einzig die hartnäckigen Verkäufer – meist von Imbissständen –, die sie dauernd anquatschten, störten die Traumkulisse.

Dennoch: Sarah konnte sich kaum von diesem märchenhaften Ambiente trennen, auch wenn sie wusste, dass sie am nächsten Tag sehr früh aufstehen musste. Als sie endlich wieder in ihr Riad kamen und sie schlafen ging, konnte sie nicht glauben, dass sie noch vor wenigen Stunden in Österreich gewesen war.

Aufbruch zu früher Stunde

Aufstehen um 4.30 Uhr. Das war etwas, das Sarah normalerweise nur tat, wenn sie einen Frühflug in den Urlaub nahm. Nun musste sie so früh raus, um es mit ihrer Gruppe bis zum Einbruch der Dunkelheit in die Wüste zu schaffen. Und um sich vermutlich ein letztes Mal für die nächste Woche sauber und ordentlich zu fühlen.

Überraschenderweise fiel ihr das Aufstehen gar nicht so schwer. Das lag aber weniger daran, dass sie ausgeschlafen war, sondern hatte mehr damit zu tun, dass sie die ganze Nacht gefroren hatte. Es war schließlich auch in Marokko Winter. In der Nacht hatte es ordentlich abgekühlt. Und geheizt wurde nicht. Sie hatte auch keinen warmen Pyjama für das Riad dabei. Auf diese Idee war sie gar nicht gekommen, so sehr war sie auf das Packen für die Wüste konzentriert gewesen. Und ihr Gepäcklimit war ohnehin ausgereizt.

So stieg sie also um kurz nach halb fünf durchgefroren in die Dusche unter dem Torbogen. Das Wasser war zum Glück heiß, und so wärmte sie sich langsam auf. Allerdings setzte sie trotz aller Bemühungen das gesamte Badezimmer unter Wasser. Es war ihr schleierhaft, wie man das ohne Duschtür oder Duschvorhang verhindern sollte. Immerhin gab es einen Fön, sodass sie zumindest nicht mit nassen Haaren das Haus verlassen musste.

Pünktlich um 5.15 Uhr erschien sie frisch »gestylt« zum Frühstück im oberen Stockwerk. Die meisten aus ihrer Gruppe waren schon da. Sie setzte sich an einen Tisch mit mehreren anderen Frauen. Trotz der frühen Stunde entspann sich schnell ein Gespräch, das sich allerdings so gar nicht nach Sarahs Vorstellungen entwickelte.

Sie wusste nicht, wie das Thema aufgekommen war, aber rasch drehte sich alles um Entwicklungshilfe und globale Wirtschaft. Das waren genau jene Themen, mit denen sie tagein, tagaus in ihrem Beruf konfrontiert war und zu denen sie eine feste Meinung hatte, die auf jahrelanger, berufsbedingter Recherche beruhte. Selbstverständlich wussten das die anderen nicht, als sie ihre Meinungen dazu zum Besten gaben, die zumindest teilweise im Kontrast zu ihrer standen.

Eine ihrer Tischnachbarinnen empfand Sarah als besonders penetrant, was sie dann doch dazu verleitete zu widersprechen. Noch bevor sie es tat, wusste sie, dass das ein Fehler war. Denn statt der Vorfreude auf die Wüste entwickelte sich bei ihr im weiteren Verlauf des Gesprächs Ärger. Ärger über die - aus ihrer Sicht - wenig fundierten Aussagen ihrer Tischnachbarin, aber noch mehr über sich selbst, weil sie sich gleich an ihrem zweiten Urlaubstag in so eine Diskussion hatte hineinziehen lassen. Dementsprechend wusste sie auch kaum, was sie aß oder was es an diesem Tag zum Frühstück gegeben hatte. Sie beschloss, sich in nächster Zeit eher anderen Mitgliedern der Reisegruppe zu widmen.

Nach dem Frühstück ging sie zurück in ihr Zimmer und packte rasch zusammen. Sie brauchte zwei Gepäckstücke: ein großes für die Wüste und ein kleines, das nur jene Sachen enthielt, die sie nach ihrer Rückkehr in Marrakech brauchen würde. Letzteres blieb im Riad.

Als sie mitsamt ihrem Wüstengepäck vor die Tür trat, war es immer noch stockdunkel. Es war sechs Uhr Früh. Wie schon am Tag zuvor wurden sie von dem Mann mit dem überdimensionalen Handwagen in Empfang genommen. Gekonnt lud er das Gepäck der Gruppe auf, und sie machten sich auf den Weg durch den Souk bis zum Gauklerplatz, wo sie schon der Kleinbus erwartete, der sie bis zum Rand der Wüste bringen sollte.

Die Gassen wirkten nun, da sie komplett leer waren, wesentlich breiter als noch ein paar Stunden zuvor. Was für ein Kontrastprogramm zu den belebten Gassen mit all den Menschen und Waren des gestrigen Abends! In der Medina herrschte Totenstille, es war absolut niemand unterwegs. Sarah wusste nicht so recht, ob sie das schön oder gespenstisch finden sollte.

Fahrt zur Wüste

Fahrt zur Wüste

Nachdem das Gepäck in den Kleinbus verladen worden war, brachen sie auf. Heute würden sie den ganzen Tag unterwegs sein, bis sie endlich in der Wüste ankämen. Die Fahrt ging von Marrakech aus Richtung Südosten, bis nahe an die algerische Grenze. Während der ersten Minuten fuhren sie vorbei an prächtigen Palästen und an Palmen, an geschlossenen Geschäften und noch dunklen Wohnhäusern. Irgendwo an der Stadtgrenze übermannte Sarah die Müdigkeit, und sie döste ein.

Als sie wieder einigermaßen wach war, hatten sie längst die Ebene verlassen und befanden sich auf einer kurvigen Straße, die sich langsam die Hänge des **Atlasgebirges** hinaufwand, das sie am Tizi-n'Tichka-Pass überqueren würden. Die Landschaft war kahl und karg geworden. Bei einem Café und einigen Souvenirläden machten sie Halt.

Omelette marocaine

Diese Spezialität vom Atlas ist einfach, schmeckt aber fantastisch. Serviert wird sie meist in einer Metallpfanne. Die genauen Zutaten unterscheiden sich vermutlich von Lokal zu Lokal. Grundsätzlich enthält sie neben Eiern Tomaten und Zwiebel. Gewürzt wird mit Salz, Kreuzkümmel und frischer Petersilie. Statt Letzterer wird oft auch Koriander verwendet. Gegessen wird das Ganze mit frischem Weißbrot, das gleichzeitig als Besteck verwendet wird. Dazu passt frischer Minztee.

Said bestellte mehrere Portionen **marokkanisches Omelett** für die ganze Gruppe. Sarah hatte – wie die meisten – nach dem Frühstück noch keinen Hunger. Die Omeletts dufteten aber so verführerisch, dass sie sich nicht beherrschen konnte und kostete. Ihre Zurückhaltung schwand endgültig, als sie sah, mit welchem Genuss Said dieses Gericht verschlang. Bereits als sie die Gabel in den Mund schob, übertraf der Geschmack dieser einfachen Speise all ihre Erwartungen. Trotz ihres vollen Magens aß sie daraufhin so viel, wie sie erwischen konnte, und hoffte, dass ihre Gier den anderen nicht auffiel.

Denen schien es allerdings ähnlich zu gehen. Nachdem zuerst alle lautstark erklärt hatten, nicht hungrig zu sein, war innerhalb von Minuten alles verputzt.

Bei der nächsten Pause gab es kein Café und keine Souvenirläden mehr. Dafür einen Wahnsinnsausblick über die kurvige Straße und die mondartige Landschaft. Hier machten sie das erste Mal Bekanntschaft mit einem WC, das nicht mehr dem westlichen Standard entsprach. Es befand sich unterhalb des Parkplatzes, der eigentlich nur eine größere Ausbuchtung der Straße war, in einer winzigen, halb verfallenen Hütte aus Steinen. Diese konnte man nicht abschließen, sondern nur hoffen, dass gerade niemand anderer auf dieselbe Idee kam.

Sarah hatte Glück, eine andere Frau aus der Gruppe hielt für sie »Wache«. Im Grunde war die Toilette nur ein Loch im Boden, dessen Umgebung nicht gerade sauber war. Den entsprechenden Geruch kann sich wahrscheinlich jeder vorstellen. Sarah ging stoisch darüber hinweg, der Drang war eindeutig zu groß, der Tee von vorhin musste schließlich irgendwohin. Außerdem war ihr klar: andere Länder, andere Sitten.

Die meisten Europäer werden sich vermutlich an dieser Stelle denken, dass sich in so einem Fall das Bedürfnis wohl besser in der Natur erledigen ließe. Auch wenn das möglicherweise stimmt, ist es aus kulturellen Gründen dennoch nicht anzuraten. Zumindest nicht in der Nähe einer Straße oder anderer Menschen.

Das Atlasgebirge

Das Atlasgebirge ist ein lang gezogener Gebirgszug im Nordwesten Afrikas. Auf einer Länge von 2.300 Kilometern zieht es sich über die Staaten Marokko, Algerien und Tunesien. Der höchste Gipfel, der Jbel Toubkal, gehört allerdings zu Marokko. Das Atlasgebirge hat einen großen Einfluss auf das Klima und die Landschaft in Marokko beziehungsweise auf den gesamten Maghreb. Es bildet eine Scheidelinie zwischen dem eher feuchten Klima im äußersten Norden des Maghreb und der sehr trockenen Sahara.

Privatsphäre und Kleidung

Wer die Sitten und Gebräuche Marokkos und seiner Menschen nicht verletzen will, zieht sich sowohl für den Toilettengang als auch für das Waschen oder Umkleiden (vor allem unterwegs relevant) an einen nicht einsehbaren Ort zurück. Das gilt übrigens nicht nur für Frauen, sondern auch für Männer. Shorts, ärmellose T-Shirts und weit ausgeschnittene Kleidung sollte man vermeiden. Kopftuch oder Ähnliches für Frauen ist dagegen nicht nötig.

Einige Zeit später machten sie Mittagspause. Sie fand am Rande eines Dorfes im Nirgendwo statt. Obwohl sie ein Stück vom Dorf entfernt waren, hörten sie den Muezzin rufen. Etwas, an das sich Sarah immer noch gewöhnen musste. Es war kühl - ohne Jacke ging es definitiv nicht -, sie waren ja immer noch in den Ausläufern des Atlasgebirges.

Gemeinsam mit dem Fahrer und dem Guide schleppte die Gruppe die Zutaten für das Mittagessen vom Kleinbus etwa hundert Meter bis zu einer flachen Stelle, an der sie zwei Teppiche ausrollten und die Lebensmittel abstellten. Unter Anleitung von Said begannen sie Sandwiches vorzubereiten. Auch hier war an den Zutaten nichts Außergewöhnliches, wie Sarah feststellte: Tomaten, Gurken, Oliven, Zwiebel, Frischkäse, Käse und Thunfisch. Das Ganze kam in einer genau durchdachten Reihenfolge, die sie allerdings immer wieder durcheinanderbrachte, in ein Fladenbrot. Wer wollte, konnte noch mit Salz und Senf nachhelfen.

Trotz der Einfachheit schmeckte das fertige »Ensemble« Sarah ausgezeichnet. Schon wieder. Spätestens jetzt war ihr klar: Sie war verliebt. In Marokko - vielleicht, aber definitiv in die marokkanische Küche. Als Nachspeise gab es Mandarinen und Bananen. So ließ es sich durchaus leben, fand sie.

Nachdem sie die Reste und das Zubehör wieder eingepackt hatten, ging die Fahrt weiter, vorbei an der Filmstadt **Ouarzazate** und der in der Nähe befindlichen Lehmstadt **Ait-Ben-Haddou**.

Ouarzazate

Diese Stadt mit ihren etwa 100.000 Einwohnern liegt mitten im Hohen Atlas und ist umgeben von einer prächtigen, bergigen Landschaftskulisse. Bekannt ist sie hauptsächlich für die Filmstudios, in denen weltbekannte Streifen gedreht wurden und werden, etwa »Game of Thrones«, »Gladiator« oder »Die Päpstin«. Aber auch abseits der Filmkulissen hat die Stadt mit ihren Cafés, ihrem Marktzentrum und etlichen Sehenswürdigkeiten einiges zu bieten.

Ait-Ben-Haddou

Diese befestigte Stadt am Fuße des Hohen Atlas im Südosten Marokkos ist das beliebteste Postkartenmotiv des Landes und liegt ganz in der Nähe von Ouarzazate. Das alte, malerische Lehmdorf mit seinen Burgen, engen Gassen und Stadtmauern ist allerdings nur noch zum Teil erhalten (manche der fehlenden Teile wurden für die Filmkulissen durch Pappmaschee-Bauten ersetzt), es wurde aber dennoch 1987 als UNESCO-Weltkulturerbestätte anerkannt. Die Ursprünge liegen rund 1.000 Jahren zurück, damals war Ait-Ben-Haddou ein wichtiger Punkt entlang der Karawanenstraße.

Der nächste Halt in einer Kleinstadt, deren Namen Sarah nicht mitbekam, war ganz kurz. Überraschenderweise erhielt die Gruppe hier einen Vorgeschmack auf die kommenden Tage. Said wollte Fleisch einkaufen, das sie in den nächsten zwei Tagen in der Wüste essen würden. Sarah und der Rest der Gruppe blieben währenddessen im Kleinbus und beobachteten das Treiben auf der Straße. Auch hier gab es – ähnlich wie in Marrakech – Männer in Djellabas, Frauen mit oder ohne Kopftuch und Geschäfte und Stände aller Art.

Während Sarah noch die Menschen betrachtete, die draußen vorbeigingen, hielt plötzlich ein Kleinbus neben ihnen. Der hätte eine Kopie ihres eigenen sein können. Hinten saß eine Gruppe, offensichtlich Touristen, es gab einen Fahrer und einen Mann, der wie ein Guide aussah. Dass er nicht nur so aussah, stellte sich im nächsten Moment heraus. Er begrüßte Sarah und ihre Mitreisenden nämlich auf Deutsch. Sarah war verblüfft und betrachtete ihn genauer. Tatsächlich! Er trug die gleiche Jacke wie Said, mit dem Emblem des Reiseveranstalters, mit dem sie selbst unterwegs waren. Was für ein Zufall! Und noch besser: Die Gruppe kam direkt aus der Wüste. Sie hatte allerdings die kurze Tour gemacht, die nur vier oder fünf Tage dauerte.

Dennoch: Sarah und ihre Reisegefährten pressten die Köpfe ans Fenster und starrten die Neuankömmlinge an. Irgendjemand sprach aus, was Sarah nur gedacht hatte: »Wie sehen die nach der Wüste aus? Sind die dreckig? Erschöpft?«

Eine Frau fragte laut: »Oder schweben sie in anderen Sphären und sind jetzt so richtig gechillt und abgeschreckt von der Zivilisation?«

Sarah hatte automatisch erwartet, dass man nach einigen Tagen Wüste ungepflegt, wenn nicht sogar schmutzig und abgekämpft aussehen musste. Doch die Touristen, die sie tatsächlich hinter den Fenstern des Kleinbusses erkennen konnten, machten eigentlich einen ganz manierlichen Eindruck. Einige wirkten etwas zerstrubbelt und nicht mehr ganz taufrisch, aber durchaus okay.

Erstaunlich, dachte sie. *Wie haben sie das gemacht?*

Da die Fenster beider Kleinbusse offen waren, konnte man sich durch Schreien verständigen. Prompt fragte jemand, wie es denn in der Wüste gewesen sei. Als Antwort kamen lauter Entzückensrufe. »Fantastisch!«, »Magisch!«, »Super!« - und »Viel zu kurz!«

In Sarahs Ohren klang das verheißungsvoll. Auch wenn sie mittlerweile zumindest in die marokkanische Küche verliebt war, hatte sie immer noch ein bisschen Spundus vor der Wüste gehabt. Nach diesem Treffen begann sie sich noch weiter zu entspannen.

Said kam mit einem Sack voll Fleisch zurück, und die Fahrt Richtung Wüste ging weiter. Sarah begann das ständige Sitzen langsam unangenehm zu werden und sie hoffte, dass sie sich langsam ihrem Ziel näherten.

Auf Gespräche hatte sie keine Lust und sie war froh, einen der wenigen Einzelsitze ergattert zu haben. Ihre Gedanken eilten schon voraus zum kommenden Abend und sie malte sich aus, wie sie den Sonnenuntergang in der Wüste erleben würde.

Endspurt

Am späten Nachmittag folgte ein weiterer Stopp. Und der sollte tatsächlich der letzte vor der Wüste sein. Für Sarah überraschend war der Ort, dessen Namen sie in der Sekunde wieder vergessen hatte, sogar etwas touristisch.

Wow, das Café hat sogar WLAN. Dann ist das jetzt wirklich die letzte Gelegenheit, sich daheim zu melden. Aber eigentlich will ich gar nicht mehr, ich bin ohnehin schon offline. Ich glaube, ich lasse das Handy gleich im Flugmodus.

Einige aus der Gruppe schrieben allerdings noch Nachrichten an Freunde und Familie zu Hause. Die Tee- beziehungsweise Kaffeebestellung gestaltete sich unterdessen etwas schwierig. *Einzeln bestellen ist hier wohl nicht so eine gute Idee,* dachte Sarah, als sie auch einzeln bezahlten wollten, was in Marokko eher unüblich ist. *Das ist einfach zu kompliziert.* Nach einigem Hin und Her gelang die Übung dennoch.

Sarah wollte sich vor der Weiterfahrt noch etwas die Beine vertreten und stand auf, um zumindest in der Straße ein wenig auf und ab zu gehen.

Sie sah Frauen - offensichtlich Touristinnen - in kurzen Hosen und mit Spaghettiträgern, die sich in der Sonne räkelten, und Männer in flippigen Shorts. *Genau so, wie man sich nicht anziehen und verhalten soll! Sogar der hiesige Reiseveranstalter hat uns das extra noch einmal eingeschärft.* Sarah schämte sich fremd, als so respektlos gegenüber der lokalen Kultur empfand sie dieses Betragen.

Als sie um die Ecke bog, war sie in einer beinahe menschenleeren Straße. Einige Einheimische boten Souvenirs an, das war es aber auch. Die Gebäude waren sehr hell, und sie sah auch schon Sand auf der Straße. Die Wüste konnte nicht mehr weit sein! Wie nah, realisierte sie einige Augenblick später, als sie zurück zum Café und zum Bus kam. Ein Großteil der Gruppe saß noch im Lokal und unterhielt sich.

Auf der anderen Straßenseite waren nun aber direkt vor und hinter ihrem Kleinbus Jeeps geparkt. Bei genauerem Hinsehen erkannte Sarah, dass das Gepäck der Gruppe gerade in die Jeeps umgeladen wurde. Offensichtlich konnte der Bus ab hier nicht mehr weiterfahren.

Auf Saids Geheiß bestieg sie gemeinsam mit zwei Männern und einer Frau aus ihrer Gruppe einen der Jeeps. Der Fahrer war ein junger **Berber**, der sie freundlich begrüßte. Kurz danach setzten sich die drei Gefährte in Bewegung und verließen schon zwei Minuten später das kleine Dorf. Plötzlich bogen sie scharf nach links ab.

Berber

Die Berber sind die älteste Bevölkerungsgruppe in Marokko. Sie leben hauptsächlich in den Regionen des Atlasgebirges sowie in der Vorsahara. Marrakech ist die einzige marokkanische Großstadt, die mehrheitlich berberisch ist.

Bei den Berbern handelt es sich um kein homogenes Volk, sondern eher um eine sprachliche Gemeinschaft. Wobei es selbst in Marokko mehrere Berber-Sprachgruppen gibt. Wie hoch der Bevölkerungsanteil der Berber hier ist, lässt sich schwer schätzen, da eine starke Durchmischung mit der zweiten Bevölkerungsgruppe, den Arabern, stattgefunden hat. Der überwiegende Teil dürfte jedoch berberische Ahnen haben. Interessant ist, dass die Berber-Frauen deutlich mehr Rechte und Freiheiten besitzen als die Araberinnen.

Sarah blieb der Mund offen. Vor ihr begann die Wüste. Das war jetzt so schnell gegangen, dass sie es noch gar nicht begreifen konnte. Das Dorf war also tatsächlich im wahrsten Sinn des Wortes am Rand der Wüste gewesen. Der Fahrer fragte mit Händen und Füßen, ob er mit seinem Handy einheimische Musik spielen sollte. Alle bejahten, nichts hätte jetzt besser gepasst. Der junge Berber hatte einfach das richtige Gespür für die Situation.

Foto: Christian Hlade, Weltweitwandern

Berbermusik

Die traditionelle Musik der Berber beschränkt sich oft auf wenige Instrumente (Langhalslaute, Rahmentrommel, Bechertrommel, Doppelrohrblattinstrument, Holzflöte). Sie hat häufig einen rhythmusbetonten, meist zyklischen und dadurch teilweise tranceartigen Charakter.

Die **Musik** - eine Instrumentalmusik mit für Mitteleuropäer eher untypischen Rhythmen und Klängen - unterstützte die geradezu euphorische Stimmung, die beim Anblick der Wüste bei allen im Jeep aufgekommen war.

Kaum waren sie nach dem Dorf abgebogen, endete auch die Straße. Sie befanden sich nun auf einer Art Piste. Die drei Jeeps jagten in halsbrecherischem Tempo dahin, und die Fahrer machten sich den Spaß, sich ständig gegenseitig zu überholen. Immer wieder wurden alle ordentlich durchgerüttelt.

Die Piste, die langsam zu einer - auf den ersten Blick - ebenen Fläche geworden war, wies nämlich auch immer wieder so etwas wie Schlaglöcher auf. Außerdem lagen alle möglichen Steine auf dem unsichtbaren Weg, den offenbar nur die Fahrer erkennen konnten.

Doch Sarahs Fahrer wusste ganz offensichtlich, was er tat, und chauffierte sie überall sicher durch. Sie rasten vorbei an Pflanzen, die jenen im mitteleuropäischen Hochgebirge ähnelten, und an Felsformationen, von denen einige aussahen wie Tafelberge. Es hatte etwas Erhabenes. Sarah hatte keine Ahnung gehabt, dass es in Marokko überhaupt Tafelberge gibt. Sie war hingerissen. Von der Atmosphäre im Jeep, vom Anblick der Wüste und vom Rausch der Geschwindigkeit. Sie hätte ewig so weiterfahren können.

Während der ersten Stunde ihrer Fahrt passierten sie auch einige Wüstenrestaurants, die allerdings nicht sonderlich gut besucht wirkten. *Wer geht da wohl essen?* Sie fand den Gedanken mehr als befremdlich, mit dem Auto kilometerweit in die Wüste zu fahren, nur um dort ein Diner zu genießen. Aber offenbar gab es Kunden für diese Lokale, wenn auch nicht für alle.

Manche schienen ihre Pforten bereits wieder dauerhaft geschlossen zu haben. Sarahs Mitleid hielt sich in Grenzen.

Einmal blieb der Jeep doch fast stecken, zu tief war die Mulde, in die sie hineingeraten waren. Aber nach einigen Versuchen befreite der Fahrer das Auto wieder, ohne dass sie schieben mussten. Je länger sie fuhren – und je weniger von der Zivilisation zu sehen war –, desto größer wurde Sarahs Freiheitsgefühl. Endlich weg von allem, was sie einengte, einfach nur leben! Einfach nur fühlen!

Als sie in die Gesichter ihrer Mitfahrer sah, hatte sie das Gefühl, dass es ihnen ähnlich ging. Sie alle waren in einer Art Trance – ganz ohne Drogen, einfach nur durch die Fahrt in die Wüste.

Nach etwa zwei Stunden bog der Jeep um eine Düne – eigentlich die erste, die Sarah bewusst wahrnahm –, und der Fahrer bremste abrupt ab. Vor ihnen befand sich ein Zeltlager. Sie waren da! Wieder war alles so schnell gegangen, dass Sarahs Verstand Mühe hatte hinterherzukommen.

Das Lager

Das Lager

Es bestand aus zwei großen weißen Zelten und acht kleineren niedrigeren in Grün. Sarah erblickte außerdem etwas weiter entfernt einen Paravent, viele Körbe, deren Inhalt sie nicht erkennen konnte, einige Dromedare und fünf Männer.

Sie stieg aus, immer noch völlig im Bann der abenteuerlichen und gleichzeitig so befreienden Fahrt. Die anderen Jeeps hielten nun ebenfalls, und alle versuchten den Anblick, der sich ihnen bot, tief in sich aufzunehmen.

Wenn sie zurückschauten, sahen sie noch die ebene Fläche, die sie als Straße benützt hatten. Dahinter erblickten sie das Atlasgebirge und auf der anderen Seite eine weitere Erhebung, das Rifgebirge, wie sie später erfahren sollten. Doch vor ihnen, gleich hinter dem Lager, erstreckte sich eine einzigartige Dünenlandschaft.

Fünf Männer, teilweise in traditionelle Kleidung gehüllt, erwarteten die Ankömmlinge bereits. *Wie werden die uns Frauen jetzt begrüßen? Anders als die Männer? Oder werden sie uns ignorieren?*, fragte sich Sarah. *Hoffentlich wird das nicht unangenehm.*

Sie musste sich eingestehen, dass sie sich nicht damit beschäftigt hatte, wie das Verhältnis von Männern zu Frauen in Marokko war. Sie hatte automatisch angenommen, dass es Probleme geben könnte, wie das vereinzelt in Wien der Fall war, wenn streng muslimische Männer zum Beispiel eine weibliche Lehrkraft nicht begrüßen wollten.

Aber hier war das ganz und gar nicht der Fall. Alle - Männer wie Frauen - wurden mit Handschlag begrüßt. Ihr Begleitteam für die kommenden Tage war zu allen gleichermaßen freundlich und scheute auch nicht vor Augenkontakt zurück. Sarah war angenehm überrascht und insgeheim froh, im Vorfeld mit niemandem über ihre Vorurteile gesprochen zu haben. Jetzt schämte sie sich dafür.

Als das Gepäck ausgeladen war, verteilten sie rasch die Zelte. Sarah hatte eines der acht grünen für sich allein und war mehr als froh darüber. Sie konnte sich nicht vorstellen, wie man es darin zu zweit aushalten könnte, so klein und eng war es.

Es war eines dieser typischen igluförmigen Zelte, in denen man nicht stehen konnte. Es gab eine Art Vordach, unter dem auch eine Plane lag. Das war der Platz für das Gepäck, lernte sie.

Der Paravent weiter weg stellte sich als »Wüstentoilette« heraus. Sie war luxuriöser, als Sarah befürchtet hatte. Im Wesentlichen bestand sie aus einem Loch im Sand, einem Sandhaufen (also das, was ausgehoben worden war) und einer kleinen Schaufel. Auch eine Rolle Klopapier lag daneben. Das Ganze war umhüllt von einer Plane, damit man vor den Blicken der anderen geschützt war. Said erläuterte, dass man nach Verrichten seines Geschäfts etwas Sand in das Loch schaufeln und sich vor dem Paravent mit dem in einer Kanne bereitgestellten Wasser und der Seife die Hände waschen sollte.

Dass im Laufe der Woche die Löcher aufgrund der ballaststoffreichen Kost immer wieder übergingen und damit weniger appetitlich wurden, wusste Sarah zu diesem Zeitpunkt zum Glück noch nicht.

Der erste Abend in der Wüste

Sarah bezog ihr Zelt. Eine Matte als Unterlage für den Schlafsack samt Innenschlafsack, den sie gerade erhalten hatte, würde sie nach dem Abendessen mitnehmen. Sie hatte sogar ein Kopfkissen bekommen – wieder mehr Luxus als erwartet.

Sogleich packte sie die ersten Sachen aus, damit sie später im Dunkeln nicht suchen musste. Das war eine richtige Prozedur. Wie man ihr empfohlen hatte, hatte sie alles bereits zu Hause in verschiedene wiederverschließbare Plastikbeutel gepackt. Immer, wenn sie nun etwas herausnahm, musste sie darauf achten, den Beutel wieder ordentlich zuzumachen. Sie hatte bereits bemerkt, dass der Sand unerbittlich in jede Ritze kroch, und sie wollte möglichst wenig davon in ihrer Unterwäsche und ihren T-Shirts haben. Den Schlafsack und den Innenschlafsack breitete sie schlaffertig aus, dann legte sie die lange Skiunterwäsche, die warme Jogginghose und das Sweatshirt für die Nacht bereit und positionierte die Toilettensachen unmittelbar neben dem Schlafsack. Dann suchte sie ihr Handy, das sie nun ausschließlich zum Fotografieren verwendete und das jetzt ebenfalls in einer Plastikhülle steckte, trat vor ihr Zelt und blickte sich um.

Sie sah, dass sich einer der Männer, Gerhard, ebenfalls anschickte, das Zelt zu verlassen. Kurz entschlossen rief sie: »Hast du Lust auf einen kleinen Dünenspaziergang?« »Unbedingt«, antwortete er. »Warte, ich hole nur noch meine Videokamera und dann können wir losmarschieren.«

Drei Minuten später erklommen sie langsam die erste Düne. Die Sonne stand schon relativ tief, der Sand wirkte fast orange, was den Kontrast zum blauen Himmel mit den wenigen Wolken umso reizvoller machte. Die anderen Dünen warfen bereits lange Schatten. Immer wieder blieben sie fasziniert stehen. Sie waren in der Sahara!

Abgesehen von ihrem eigenen Zeltlager und einem anderen, das sie am Horizont erkennen konnten, gab es hier nichts außer Sand. Irgendwann sahen sie auch das Lager und die anderen aus der Gruppe nicht mehr. Hinter sich erblickten sie nur noch ihre eigenen Spuren im Sand, vor ihnen waren die Dünen völlig unberührt. Dieser Anblick verschlug ihnen im wahrsten Sinn des Wortes die Sprache. Das war nicht der Ort und nicht die Zeit zum Reden. Sie konnten nur alles in sich aufsaugen, als sie langsam weitergingen, abwechselnd auf eine Düne hinauf und danach ins darauffolgende Wellental hinab.

Sarah konnte nicht einmal mehr denken. Es war, als hätte sich irgendetwas Großes all ihrer Sinne bemächtigt. Sie, die normalerweise gefühlte 24 Stunden am Tag Gedanken wälzte und der das Abschalten schwerfiel, hatte jetzt einen völlig leeren Kopf. Dass sie vor etwa einer Woche noch voll im Arbeitsstress gewesen war, erst vor ein paar Tagen Weihnachten mit ihrer Familie verbracht und das Ende einer langjährigen Beziehung noch nicht verarbeitet hatte, war nicht nur weit weg, es war wie ausgelöscht. Von einem Moment auf den anderen. Sie hatte nicht meditiert, nicht probiert, diese Gedanken zu verdrängen, und auch nicht versucht, sich auf etwas anderes zu konzentrieren. Es war einfach passiert. Die Wüste hatte das für sie getan. Sie wusste nicht wie, und es war ihr auch egal. Sie ließ es einfach geschehen. Es wäre auch gar nicht anders gegangen.

Irgendwann, sie hatte keine Ahnung, wie viel Zeit vergangen war, fühlte Sarah den aufkommenden Wind und sah, wie er da und dort den Sand umschichtete. Der Wind war auch das einzige Geräusch, das sie wahrnahm.

Als sie zu Boden blickte, sah sie Rillen im Sand, die wie eine Art geometrisches Muster aussahen. Dort, wo dieses Phänomen auftrat, war der Boden hart, man sank hier beim Gehen nicht ein wie an anderen Stellen. Sarah spürte immer noch die Sonne, aber die verlor langsam an Kraft und war dem Horizont mittlerweile sehr nahe. Langsam wurde ihr kühl, obwohl sie eine Jacke über ihrem langärmeligen Shirt trug und eine lange Wanderhose sowie dicke Socken in ihren Wanderschuhen anhatte.

Gerhard sah zu ihr herüber. »Sollen wir umkehren?«

Obwohl sie diesen fantastischen Blick auf die Wüste am liebsten ewig genossen hätte, siegten die Vernunft und der Wunsch nach etwas Wärmerem zum Anziehen. »Ja, du hast recht. Das sollten wir wohl«, antwortete sie daher.

Während sie zurückgingen, färbte sich der Himmel über der Wüste zuerst orange und dann rot. Die darüberliegenden Wolkenfetzen nahmen ebenfalls die unterschiedlichsten Farbschattierungen an, was die ganze Szene noch spektakulärer machte.

Als sie das Lager erreichten, war die Sonne endgültig am Untergehen, und mit jeder Minute wurde es kühler. Nachdem sie alles mit ihren Handys festgehalten hatten – obwohl die Fotos die Wirklichkeit nicht einmal annähernd wiedergaben –, gingen sie zurück zu ihren Zelten, um sich eine weitere Jacke und eine Taschenlampe zu holen. Bald sollte es Abendessen geben – im Freien.

Die kleinen Herausforderungen

Über die Einzelheiten der Wüstenreise, die nicht explizit in den Unterlagen des Reiseveranstalters gestanden waren, hatte sich Sarah im Vorfeld nie auch nur den geringsten Gedanken gemacht. Weder geografisch noch, was den Tagesablauf betraf. Vielleicht war sie blauäugig gewesen oder möglicherweise wollte sie es auch nicht so genau wissen.

Doch nun, nachdem die gesamte Gruppe zum Abendessen gerufen worden war, stellte sie fest, dass so manches Detail die eigentliche Herausforderung war. Die einheimischen Begleiter von Sarahs Reisegruppe hatten für das Nachtmahl Matten in Form eines Vierecks auf den Sand gelegt. In der Mitte hatten sie eine Decke als Tischtuch ausgebreitet. In der Zwischenzeit war es dunkel geworden, weswegen zwei Kerzen als Lichtquelle auf das »Tischtuch« gestellt wurden. Trotzdem sah man praktisch nichts mehr. Mithilfe von Taschenlampen suchte sich jedes Gruppenmitglied einen Platz zum Sitzen auf den Matten.

Sarah, die schon in der Schule nicht zu den beweglichsten Mädchen gehört hatte, versuchte sich möglichst elegant und gleichzeitig unauffällig hinzusetzen. Sie wollte auf keinen Fall hinplumpsen wie ein Sack Mehl. Und dann musste sie ja auch noch eine Position finden, in der sie essen konnte.

Said hatte die Gruppe belehrt, dass die Füße nicht auf das »Tischtuch« gehörten, weil das als unhöflich galt. Somit fiel das Ausstrecken nach vorn schon einmal weg. Nach hinten, also vom Tisch weg, ging aber auch nicht, sonst hätte sie den anderen den Rücken zugedreht. So blieben nur knien, der Schneidersitz, den Sarah seit ihrer Kindheit nicht mehr versucht hatte, oder irgendwie schräg auf den eigenen Beinen hocken. Nichts davon hielt Sarah länger als drei Minuten durch.

Zu ihrer Erleichterung stellte sie fest, dass auch die anderen aus der Gruppe ständig die Position wechselten und mit dieser Art des Sitzens ihre liebe Not hatten. Eine Mitreisende lag irgendwann sogar bäuchlings vor ihrem Essen!

Einzig und allein Said hockte in einer Seelenruhe auf seinen Waden, als ob dies die bequemste Position der Welt wäre. Der Rest des Begleitteams war nicht zu sehen und hatte sich wohl ins Küchenzelt zurückgezogen.

Dort gab es zumindest zwei Klappsessel und ein paar Kanister, auf denen man Platz nehmen konnte. Das hatte Sarah bereits herausgefunden. *Womöglich,* so dachte sie, *sitzen auch die Einheimischen nicht immer gern am Boden …*

Sie hatte allerdings keine Zeit, länger darüber nachzudenken, denn die nächste Herausforderung folgte sogleich. Der Guide verteilte nun die Suppe. Dabei benützte er eine Stirnlampe, denn es war wirklich stockfinster. Sarah schaffte es gerade noch, ihre Suppe in Empfang zu nehmen, ohne etwas zu verschütten. Sie besaß zwar eine Taschenlampe, aber man konnte sie nicht am Kopf befestigen, wodurch sie für das Essen wenig hilfreich war.

Voll konzentriert bewegte Sarah den Löffel zwischen Mund und Schüssel hin und her. Nach einer Weile versuchte sie mithilfe des Löffels zu »ertasten«, ob noch etwas Suppe vorhanden war. Wie sie ausgesehen hatte, wusste Sarah sowieso nicht, aber sie hatte geschmeckt. Etwas mehr Würze wäre gut gewesen, aber der Koch hatte sich wohl nicht getraut, mit der vollen Dröhnung reinzugehen, um die Touristen nicht zu verschrecken.

Noch schwieriger als das Suppe-Essen gestaltete sich das Verzehren der Hauptspeise: Couscous, Gemüse und Fleisch. Sie fragte sich, wie sie das Fleisch schneiden sollte, wenn sie es nicht sah. Und woher sollte sie wissen, ob nach einiger Zeit noch etwas auf dem Teller war oder nicht?

Sie beobachtete also wieder ihre Kollegen und Said. Einige ihrer Mitreisenden hatten Stirnlampen, doch nicht alle. Die meisten schienen ins Essen vertieft, gesprochen wurde wenig. Nach einiger Beobachtungszeit ging ihr im wahrsten Sinne des Wortes ein Licht auf und sie wusste nun, wie sie die nächsten dunklen Mahlzeiten angehen würde: Sie musste sich einfach nur gegenüber einer Person mit Stirnlampe hinsetzen. Wenn die aufsah, war ihr Teller kurz beleuchtet. Diesen Moment musste Sarah nutzen, um einen Blick auf den eigenen Teller zu erhaschen!

Womöglich könnte sie das nächste Mal sogar nachwürzen. Es gab zwar weder Salz noch Pfeffer, aber sie hatte bemerkt, dass sich Said immer wieder etwas über sein Essen streute. Sie fragte nach und erfuhr, dass es sich um Kreuzkümmel handelte, den Marokkaner offenbar als Universalgewürz verwenden.

Und sie musste zugeben: Es schmeckte! Diesen Teil hatte sie nun also gelöst, das Sitzen sollte allerdings für den Rest der Reise eine Herausforderung bleiben ...

Kälte und Sternenhimmel

Schon unmittelbar nach dem Sonnenuntergang hatte Sarah gespürt, dass es empfindlich kälter geworden war. Und mit jeder Minute wurde es noch kälter. Sarah war zum Abendessen zwar mit zwei Jacken übereinander erschienen, merkte aber bald, dass das bei Weitem nicht reichte. Sie machte sich geistig eine Notiz: nie wieder zum Abendessen gehen, ohne vorher Skiunterwäsche drunter- und eine Winterjacke drüberzuziehen.

Auch der Rest der Gruppe begann die Kälte zu spüren. Es war erst kurz nach 20.30 Uhr, dennoch fingen die Ersten an, vom Schlafengehen zu reden. Das war definitiv nicht Sarahs Zubettgehzeit, aber der Tag war anstrengend gewesen, auch wenn sie ihn mehr oder weniger passiv über sich hatten ergehen lassen, und sie fror. Die Vorstellung vom warmen Schlafsack hatte durchaus etwas für sich. Dennoch wollte sie noch etwas durchhalten, obwohl einige der anderen sich bereits in ihre Zelte zurückzogen.

Sie streckte sich rücklings auf den frei gewordenen Matten aus und blickte in den Himmel. Kurz vor ihrer Abreise hatte sie die Geschichte des Kleinen Prinzen von Antoine de Saint-Exupéry gelesen. An die musste sie jetzt denken.

Und auch an den Freund, der zwar nicht in die Wüste wollte, aber sich von ihr hatte versprechen lassen, dass sie ihm vom Sternenhimmel dort erzählen würde. Das war er also jetzt, der berühmte Sternenhimmel über der Wüste! Gleich in der ersten Nacht bekam sie ihn zu sehen, da es kaum Wolken gab, die ihre Sicht hätten trüben können. Und ja, er war so schön, wenn nicht sogar schöner, als man ihr prophezeit hatte.

Der Mond war gerade erst im Zunehmen und damit nicht allzu hell, die Sterne glänzten dafür umso mehr. Und sie standen dicht an dicht am Himmelszelt. Selten in ihrem Leben hatte Sarah so viele Sterne gesehen. Hätte sie sich zu Hause mit den verschiedenen Sternbildern befasst, sie hätte sie wohl alle identifizieren können.

So aber erkannte sie nur den großen Wagen und die Cassiopeia. Die Milchstraße zog sich unverkennbar quer über den Himmel. Unglaublich, wie gut man sie hier sehen konnte! Und das, obwohl Sarah nicht einmal ihre Brille trug. Sie genoss einfach, was sich ihr bot, auch wenn sie nicht so genau wusste, welche Sterne das eigentlich waren.

Wo wohl der kleine Prinz hergekommen war? Was gab es da noch in den Weiten des Weltalls? Blickte vielleicht genau in diesem Moment jemand auf sie herab? Sarah fühlte sich auf einmal ganz klein und total überwältigt. Im Vergleich zu dem da oben war sie nicht einmal ein Sandkorn in dieser Welt. Demut überkam sie. Weil sie diesen prachtvollen Anblick genießen durfte, weil es ihr gut ging und weil sie nun am Anfang einer großartigen Reise stand. Einer Reise, das fühlte sie, die sie nicht nur durch die Wüste, sondern auch ein Stück weit zu sich selbst führen würde oder eher bereits führte.

Es war die Kälte, die ihren Gedankenflug beendete, und sie beschloss, sich in ihr Zelt zurückzuziehen. Sie schnappte sich eine der Matten, auf denen sie gesessen waren, und nahm sie mit. Ihre Taschenlampe stellte sie aufrecht gegen ihren Rucksack, sodass sie genug Licht hatte, um die Matte ordentlich hinzulegen und Innenschlafsack, Schlafsack und eine Decke so gut wie möglich auszubreiten. Es war bitterkalt. Sie zwang sich, Skiunterwäsche, Jogginghose und ein Sweatshirt anzuziehen, was bedingte, dass sie zuvor ihre Wanderhose, die beiden Jacken und das T-Shirt ausziehen musste. Was für eine Überwindung! Waschen? Was für ein absurder Gedanke!

Dann schlüpfte sie in den Schlafsack. Na ja, gemütlich war anders. Sie fror und konnte nicht einschlafen. Nach und nach spürte sie, wie ihr der Rücken wehtat. Hoffentlich gewöhnte sie sich bald an die harte Unterlage. Sie wälzte sich hin und her, so weit man das in einem Schlafsack eben kann. Und das mit Folgen. Schon nach kurzer Zeit waren Schlafsack und Innenschlafsack so verdreht, dass alles spannte und sie sich so gut wie gar nicht mehr rühren konnte. Es dauerte eine gefühlte Ewigkeit, bis sie das im Dunkeln wieder einigermaßen gerichtet hatte.

Vermutlich war sie irgendwann eingeschlafen, aber wohl nicht für lange. Als sie wieder erwachte, war es immer noch stockdunkel, aber jetzt musste sie aufs WC!

Das konnte doch alles nicht wahr sein! Bei dem Gedanken, sich aus dem Schlafsack zu schälen, aus dem Zelt zu kriechen und im Dunkeln das »WC« zu suchen, wurde ihr ganz anders. Das war ja wohl nicht wirklich eine Option. Irgendwie schaffte sie es, einen Blick auf ihre Uhr zu erhaschen. Es war vier Uhr früh. Noch zwei Stunden bis zum Weckruf. Oh nein, sie würde nicht aufstehen. Sie versuchte wieder einzuschlafen. Mit halbem Ohr hörte sie noch, wie ein anderer den Reißverschluss seines Zeltes öffnete und langsam an ihrem Zelt vorbei durch den Sand ging. Im Unterschied zu ihr hatte da offenbar jemand seinem Bedürfnis nachgegeben ...

Der erste Morgen

Der erste Morgen

Die beiden nächsten Stunden verbrachte Sarah in einer Art Dämmerzustand. Sie war nicht richtig wach, aber schlafen konnte sie auch nicht. So schlimm hatte sie schon lange nicht mehr gefroren. Sogar den Schlafsack zog sie sich übers Gesicht, weil selbst ihre Nase nur noch ein einziger Eisklumpen zu sein schien. Ihre Füße fühlten sich irgendwie taub an, und die Hände waren steif und unbeweglich geworden. Irgendwann sehnte sie nur noch den Weckruf herbei.

Da! Endlich! Jemand ging durchs Lager und rief ein fröhliches »Guten Morgen!«. Dann ein Geklapper, irgendetwas wurde auf den Boden vor die Zelte gestellt. Sarah versuchte ihren Schlafsack zu öffnen, aber ihre Finger waren so klamm und ungeschickt, dass sie sogleich den Reißverschluss einklemmte, anstatt ihn aufzumachen.

Endlich schaffte sie es, sich zu befreien, und auch, sich aus dem Innenschlafsack herauszuschälen. Noch mehr Kälte schlug ihr entgegen, sie begann unkontrolliert zu zittern.

Auch wenn sie mit sehr niedrigen Temperaturen in der Nacht gerechnet hatte, in dieser Heftigkeit hatte sie sich das Ganze nicht vorgestellt. Sie griff zur Taschenlampe und leuchtete auf ihre Uhr. Kurz nach sechs. Sie zippte das Zelt auf und warf einen ersten Blick nach draußen.

Ist es wirklich schon sechs Uhr? Nach wie vor war es stockdunkel, nicht einmal ein Hauch von Morgendämmerung war zu sehen. Mit viel Mühe gelang es ihr, sich mit ihren starren Fingern die eiskalten Schuhe anzuziehen. Eine weitere Überwindung. Langsam kroch sie unter der Zeltplane hervor und blickte sich um.

Ein paar Meter entfernt sah sie bunte Plastikschüsseln in der Größe von Hundenäpfen, zur Hälfte gefüllt mit dampfendem Wasser. Das war also das Waschwasser des Tages. Mehr würde es nicht geben. Sie ergriff eine davon und zog sich damit wieder in ihr Zelt zurück. Mittlerweile war das Wasser nur noch lauwarm. Wenn sie weiter wartete, würde sie sich nur noch mit kaltem Wasser waschen können.

Sarah wusch sich das Gesicht. Dann zog sie schnell ihr Sweatshirt und das Oberteil ihrer Skiunterwäsche aus und versuchte es mit Katzenwäsche. Ihre Zähne schlugen aufeinander, der Rest des Körpers bebte vor Kälte. So schnell war sie noch nie gewaschen gewesen.

Hastig suchte sie im Schein ihrer Taschenlampe nach dem Shirt, das sie über Nacht vorsorglich in den Schlafsack gelegt hatte, um es auf Körpertemperatur zu bringen. Ein Tipp ihres Bruders, den sie eigentlich gar nicht so richtig ernst genommen, aber aus Gründen der Vorsicht schließlich doch beherzigt hatte. Jetzt war sie ihm dankbar dafür, dass sie zumindest kein steif gefrorenes Shirt anziehen musste.

Über das Shirt zog sie eine Jacke an. Nach kurzem Zögern kam noch eine weitere darüber. Sie fühlte sich wie ein Michelin-Männchen, nicht nur, was die Optik, sondern auch, was die Beweglichkeit betraf. *Egal, hier sieht mich keiner, den ich von zu Hause kenne.* Dann wiederholte sie das Wasch- und Ankleideprozedere mit ihrem Unterkörper.

Wo sind nur meine Handschuhe? Sie wusste, sie hatte welche eingepackt, aber sie hatte keine Ahnung mehr, wo sie jetzt waren. Bei der Suche in ihrer Reisetasche riss sie sich ihre immer noch eiskalten Hände auf, die nicht und nicht beweglicher wurden. Irgendwann gab sie es auf.

Wieder vollständig angezogen kroch sie erneut aus dem Zelt und ging, mit ihrer Taschenlampe bewaffnet, zu einem der großen weißen Zelte, in dem sich schon einige andere aus der Gruppe eingefunden hatten. Vor dem Zelt begegnete sie dem Koch. Er war ein etwa fünfzigjähriger Mann, dem offenbar das eigene Essen sehr gut schmeckte. Auch er war warm angezogen und hatte eine Stirnlampe umgeschnallt.

Er lächelte sie freundlich an und fragte sie in gebrochenem Französisch, wie ihre Nacht gewesen sei. »Kalt«, sagte Sarah, der momentan nichts anderes einfiel, obwohl sie eigentlich ganz gut Französisch sprach. Vermutlich war auch ihr Gehirn noch eingefroren. Der Mann lachte und antwortete irgendetwas Unverständliches. Dabei strahlte er aber eine solche Herzlichkeit aus, dass es Sarah gleich etwas wärmer ums Herz wurde.

Sie betrat das Zelt. Was für ein Anblick! Wenn Sarah nicht gewusst hätte, dass sie sich in der Wüste befand und auch das Ambiente danach aussah, hätte sie denken können, sie wären auf einer Skipiste. Alle waren eingemummt in dicke Jacken und trugen warme Socken – die Schuhe mussten draußen vor dem Zelt abgestellt werden –, Hauben und teilweise auch Handschuhe.

Auf dem »Tisch« standen mehrere Kannen mit unterschiedlichen Tees, aber auch Kaffee, geschnittenes Fladenbrot, Butter, diverse Marmeladen, Streichkäse und andere Aufstriche. Erhellt wurde die Szenerie, wie schon am Abend davor, durch Kerzen.

»Habt ihr gut geschlafen?«, fragte jemand.

Sarah war erstaunt zu hören, dass manche tatsächlich eine angenehme Nacht gehabt hatten. »Kalt war es nicht«, sagte eine.

»Ich musste sogar etwas ausziehen«, ein anderer.

»Was?« Sarah verstand die Welt nicht mehr.

Bis endlich eine Dritte fand: »Es war eiskalt und mir tut der Rücken weh.«

Jetzt war Sarah doch etwas erleichtert. Kurz hatte sie geglaubt, sie wäre verweichlicht und die Einzige, die mit der harten Unterlage und der Kälte in der Nacht ihre Probleme hatte. Selbst jetzt war manchen kalt und anderen nicht. Die Menschen waren eben unterschiedlich.

Für sie hatte das auch einen Vorteil: Eine Gruppenteilnehmerin borgte ihr ihre Handschuhe, weil sie sie nicht brauchte. Sarah war fest überzeugt, dass in der Nacht tiefe Minustemperaturen geherrscht haben mussten. Als sie später Said danach fragte, vermutete dieser aber eher Temperaturen um die null Grad.

Nachdem sie sich gestärkt hatten, wurden sie von Said zurück zu ihren Zelten geschickt. Sie sollten packen, damit die Dromedare beladen und das Lager abgebrochen werden konnten. Um etwa acht Uhr begann es zu dämmern. Endlich!

Sarah war noch dabei, ihre Habseligkeiten wieder in die diversen Beutel zu verstauen und in die Reisetasche zu schlichten, als bereits jemand aus dem Begleitteam auftauchte, um ihr Zelt abzubauen. *Puh, das artet ja in Stress aus.*

Und das am frühen Morgen. Sie beeilte sich. *Vielleicht hätte ich doch nicht so viel einpacken sollen?* Die Taschen der anderen waren jedenfalls kleiner. Dabei war sie sich schon so heroisch vorgekommen, weil sie es geschafft hatte, das 15-Kilo-Limit nicht zu überschreiten.

Als sie endlich mit ihrer Tasche aus dem Zelt hervorkam, waren einige der anderen Zelte schon verschwunden, das Gepäck auf Planen abgelegt. Die Schlafsäcke wurden, zusammen mit den Kopfpolstern in eine Hülle verpackt, auf einen anderen Haufen gelegt, die Matten übereinandergestapelt. Das alles hatte System, auch wenn es auf den ersten Blick nicht ganz so koordiniert aussah. Als sie sich wieder umdrehte, war ihr Zelt verschwunden. Das war Effizienz!

Mittlerweile war es hell. Die Dromedare, die die Nacht offenbar etwas weiter entfernt vom Lager verbracht hatten, waren wieder da. Die Dromedarführer hatten ihnen eine spezielle Konstruktion umgeschnallt, sodass auf beiden Seiten der Tiere große Körbe befestigt werden konnten. *Wie soll da alles hineinpassen?,* fragte sich Sarah. Schließlich waren es nur einige wenige Dromedare. Sie hoffte sehr, dass sie beim Wandern wirklich nur ihren Tagesrucksack tragen musste.

Fasziniert sah sie zu, wie die Tiere beladen wurden. Es waren ausschließlich Hengste, hatte sie erfahren. Wären auch Weibchen dabei, würde das angeblich zu Unruhe führen. *Na ja, ob das wohl so stimmt?* Die Dromedar-Männer schienen allerdings etwas störrisch zu sein. Ob das auf ihr Geschlecht zurückzuführen war, blieb unklar. Damit die Dromedarführer sie bepacken konnten, mussten die Dromedare auf die Knie gehen, und nicht immer schienen sie das auch zu wollen.

Mehr als einmal beobachtete Sarah, dass die Männer ganze Runden mit den bockigen Tieren drehen mussten, wobei sie an ihnen zogen und zerrten, bis sie sich endlich bequemten, sich niederzulassen. Und das oft nur unter lautem Protest. Es klang fast wie das Knurren eines Hundes, manchmal auch wie das Muhen einer Kuh, jedenfalls sehr, sehr unwillig.

Nach und nach verschwanden tatsächlich alle Lebensmittel, die Küchenutensilien, das gesamte Gepäck mitsamt den Schlafsäcken und den Zelten in den großen Körben.

Die mussten größer sein, als sie aussahen, eine andere Erklärung hatte Sarah nicht. Als Letztes wurden die Matten, auf denen sie schliefen beziehungsweise saßen, obendrauf geschnallt. So konnte auch nichts herausfallen. Es war eine ausgetüftelte Konstruktion.

Dromedare

Sie gehören zur Gattung der Kamele, haben im Unterschied zu den Trampeltieren aber nur einen Höcker. Ihre Schulterhöhe beträgt circa 1,8 bis 2,3 Meter und sie können bis zu 700 Kilo wiegen. Da sie drei Wochen ohne Wasser auskommen können, sind sie für die Wüste bestens geeignet. Selbst einen starken Wasserverlust gleichen Dromedare durch einmaliges Trinken in kürzester Zeit voll aus. Innerhalb von nur 15 Minuten können sie 200 Liter aufnehmen. Im Höcker wird, anders als viele annehmen, kein Wasser gespeichert, sondern Fett. Es kann bei mangelnder Verfügbarkeit von Futter in Energie umgewandelt werden.

Immer noch war es kalt, auch wenn in der Zwischenzeit die Sonne herausgekommen war. Die Uhr zeigte kurz vor neun Uhr morgens. Alle waren noch dick eingemummt, teilweise mit Handschuhen. Bis jetzt konnte sich keiner vorstellen, dass sie an diesem Tag noch im T-Shirt würden herumlaufen können. Die Tagesrucksäcke waren bereit, die Wasserflaschen gefüllt.

Ein Detail fehlte jedoch noch: die richtige Kopfbedeckung. Während die Gruppe noch wie bestellt und nicht abgeholt herumstand, ging Said von einem zum anderen und drückte allen ein großes blaues Tuch mit schwarzen Rändern in die Hand, den sogenannten **Cheche**. Ohne Kopfbedeckung würde er keinen von ihnen auch nur einen Meter in der Wüste wandern lassen. So viel war klar.

Nach und nach zeigte er jedem, wie der Cheche richtig gebunden wird. Wie sich herausstellte, ist das gar nicht so einfach, und erst im Laufe der Woche sah die traditionelle Kopfbedeckung bei den meisten auch so aus, wie sie tatsächlich aussehen soll.

WELTWEIT
WANDERN

Cheche

Der Cheche (Aussprache: Schesch) ist die ideale Kopfbedeckung für die Wüste. Er ist eine Art indigogefärbter Baumwoll- oder Leinenschal, der Turban und (Gesichts-)Schleier vereint.

Er kann sehr lang sein und mit komplizierten Wickeltechniken um Kopf und Hals geschlungen werden. Im Unterschied zu anderen Kopfbedeckungen kann Wind ihn nicht vom Kopf wehen und er schützt Kopf und Gesicht vor Sonne und, ganz besonders wichtig, auch vor Sand. Letzteres ist gerade während eines Sandsturms essenziell.

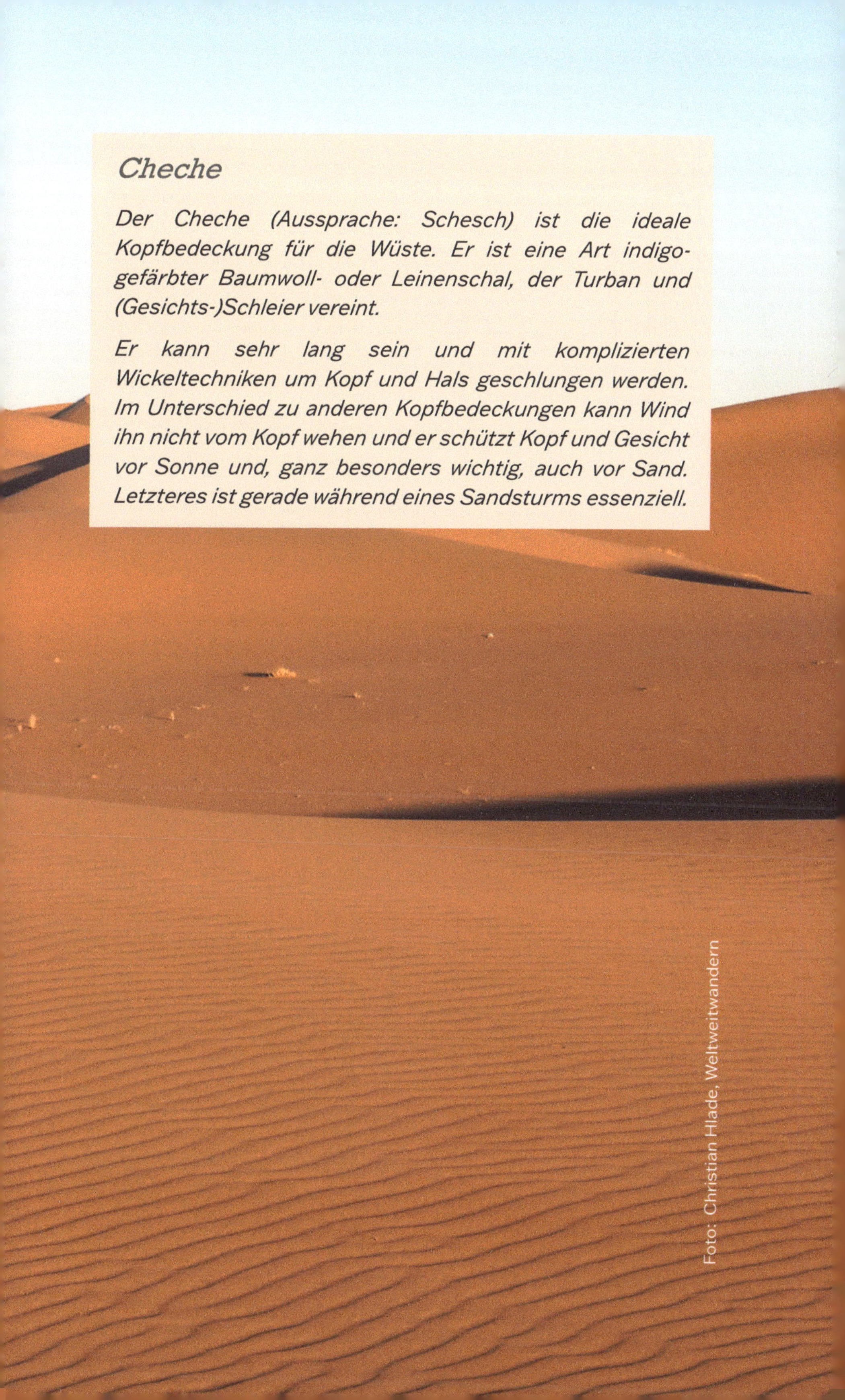

Foto: Christian Hlade, Weltweitwandern

Auch Sarah trug nun die neue Kopfbedeckung, Said hatte sie ihr fest um den Kopf geschlungen. Sie drückte ein wenig auf die Sonnenbrille, ohne die sie mittlerweile kaum noch sehen konnte, so sehr strahlte die Sonne jetzt vom Himmel. Mit der einheimischen Kopfbedeckung sahen alle irgendwie anders aus. Langsam passten sie sich also ihrem Ambiente an.

Am meisten verändert hatte sich allerdings Said. Trug er am Vortag noch eine Stoffhose und die Jacke des Reiseveranstalters, so war er jetzt in ein langes, blaues traditionelles Gewand gehüllt. Einen dunklen, sehr langen Cheche hatte er kunstvoll um Kopf, Hals und Gesicht drapiert. Nur die braunen Augen blickten noch hervor.

Als wäre er ein anderer Mensch geworden, dachte Sarah. Selten hatte sie beobachtet, dass Kleidung einen Menschen so veränderte. Said wirkte nun größer, aufgerichteter, stolzer. Einer, der den anderen zeigte, wohin es ging. Und das tat er ja auch. Ohne ihn würde keiner aus der Gruppe in der Wüste irgendetwas, geschweige denn das nächste Lager finden.

Gehen in der Wüste

Dann ging es los. Im wahrsten Sinne des Wortes. Mit Said an der Spitze bestieg die Gruppe die erste Düne. Sarah blickte zurück auf das, was vom Lager noch zu sehen war. Dort machten die Dromedarführer sich und ihre Tiere gerade für den Abmarsch bereit. Die Gruppe würde sie später wieder treffen. Offenbar schätzten Dromedare das Auf und Ab der Dünen nicht sehr, weswegen sie einen anderen Weg nehmen würden. Von der Lagerstelle übrig bleiben würden nur ihre Abdrücke im Sand, und auch die würde der Wind rasch auslöschen.

Bald ging es Düne auf, Düne ab. Geradezu rhythmisch. Sarah empfand das durchaus als etwas anstrengend. Immer wieder sank sie mit ihren Schuhen im Sand ein und hinterließ tiefe Spuren. *Eine super Physiotherapie für meinen Fuß.* Schmerzen hatte sie glücklicherweise nicht.

Mit der Zeit wurde ihr wärmer, einerseits durch die Bewegung, andererseits weil die Temperaturen tatsächlich zu steigen begannen. Nach etwa einer Stunde entledigte sie sich ihrer ersten Schicht, etwas später der zweiten.

Ab und zu plauderte sie mit einem ihrer Mitreisenden, meist aber war ihr nicht nach Unterhaltung. Eigentlich wusste sie gar nicht so genau, warum. Sie dachte nicht, sie existierte einfach. Und das war völlig ausreichend. Das ging so weit, dass sie sich nicht einmal bewusst war, dass sie nicht ein einziges Mal an ihren Job oder ihre gescheiterte Beziehung gedacht hatte, seit sie in der Wüste war. Sie lebte nur im Hier und Jetzt.

Sie fühlte, wie ihr der leichte Wind um die Nase blies – im Gegensatz zu Said hatte sie den Cheche nämlich nicht übers Gesicht geschlungen – und wie ihr die Sonne ins Gesicht schien. Und sie hörte, wie der Sand unter ihren Sohlen knirschte, während ihr Blick über die großen und kleinen Dünen wanderte. Eine Zeit lang hatte sie auch keinerlei Bedürfnisse. Sie verspürte keinen Hunger, musste nicht einmal aufs WC. Es war, als hätte jemand ihr Gehirn aus ihrem Kopf entfernt und zwischen ihren Ohren nur noch eine angenehme Leere hinterlassen.

Nach etwa zwei Stunden machten sie eine Pause. Sie hatten jetzt eine Ebene erreicht. Dort wurden sie schon erwartet. Von Hassan, dem jüngsten der Dromedarführer, und »seinem« Tier. Es war angeblich das bravste aus ihrer kleinen Herde und nur mit Wasser und Essen für unterwegs beladen.

Von nun an würde dieses Dromedar ihr ständiger Begleiter sein und höchstens kurze Umwege machen, um dort, wo es ging, der einen oder anderen Düne auszuweichen. Alle ließen sich natürlich nicht vermeiden, aber dafür war seine Last im Vergleich zu der seiner Artgenossen auch geringer.

Das Tier war tatsächlich sehr friedlich, ließ sich streicheln und posierte für Fotos. Die Gruppe taufte es Georg. Allerdings, so vermutete Sarah, würde es wohl auf jeder Tour durch die Wüste einen anderen Namen bekommen. Georg schien das egal zu sein. Meistens tat er, wie sein Herr ihn hieß, ob er dabei nun mit Georg angesprochen wurde oder nicht.

Als sie weitergingen, stellte Sarah fest, dass es sogar ab und zu so etwas wie Pflanzen gab, die mal mehr und mal weniger grün waren. Überhaupt zeigte sich die Wüste abwechslungsreicher als gedacht. Mal war der Sand hart, mal sanken sie ein. Mal war er glatt, mal hatte ihn der Wind in Rillen angeordnet. Mal war er grobkörnig, mal fein.

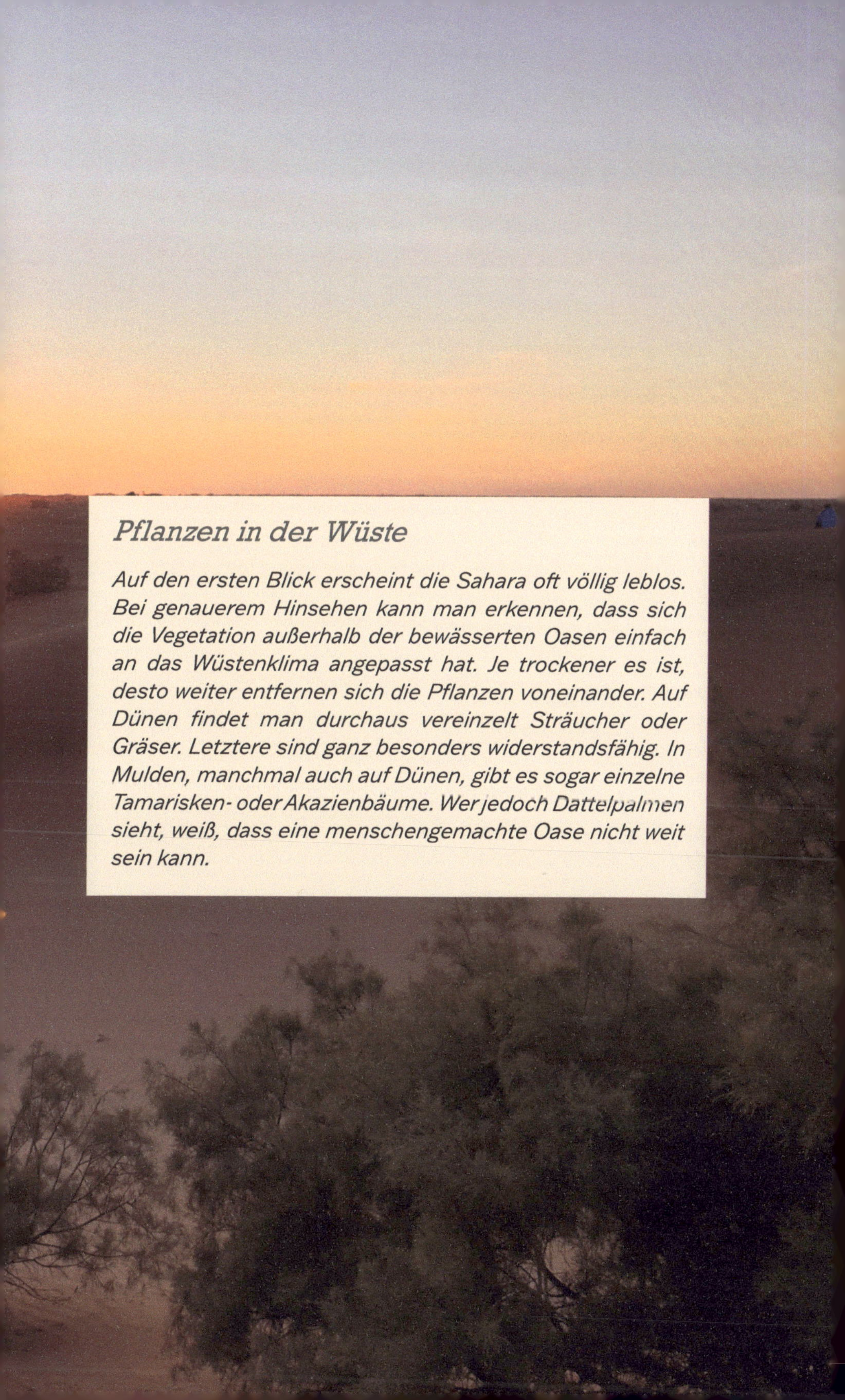

Pflanzen in der Wüste

Auf den ersten Blick erscheint die Sahara oft völlig leblos. Bei genauerem Hinsehen kann man erkennen, dass sich die Vegetation außerhalb der bewässerten Oasen einfach an das Wüstenklima angepasst hat. Je trockener es ist, desto weiter entfernen sich die Pflanzen voneinander. Auf Dünen findet man durchaus vereinzelt Sträucher oder Gräser. Letztere sind ganz besonders widerstandsfähig. In Mulden, manchmal auch auf Dünen, gibt es sogar einzelne Tamarisken- oder Akazienbäume. Wer jedoch Dattelpalmen sieht, weiß, dass eine menschengemachte Oase nicht weit sein kann.

Zu Mittag legten sie wieder eine Pause ein. Diesmal gab es etwas zu essen. Köstliche Nüsse unterschiedlichster Art, die im Gegensatz zu jenen in Europa auch richtig frisch zu sein schienen. Sarah liebte besonders die mit Honig und Sesam ummantelten. Kombiniert wurden die Nüsse mit Trockenobst, vor allem mit Marillen und Feigen. *Keine schlechte Jause,* fand Sarah. Und auch die anderen griffen kräftig zu.

Am frühen Nachmittag erreichten sie das nächste Lager.

Ihr Begleitteam war schon angekommen und bereits dabei, die Gemeinschaftszelte zu errichten. Sarah wunderte sich, wie sie es geschafft hatten, vor ihnen da zu sein.

Kaum waren die Matten von den Dromedaren abgeladen, schnappten sich die meisten aus ihrer Gruppe eine davon und ließen sich im Gemeinschaftszelt oder im Schatten drumherum erschöpft darauf fallen. Für sie war es eine ungewohnte Anstrengung gewesen, während den Marokkanern nicht anzumerken war, dass sie ebenfalls ein paar Stunden Marsch hinter sich hatten.

Nach einiger Zeit wurden sie zum Tee gerufen. Sarah liebte dieses Ritual, das sie schon am Vortag kennengelernt hatte. Einigermaßen gemütlich im Sand sitzend sah sie zu, wie Said eine der metallenen Teekannen von einem Tablett hob und aus luftiger Höhe den Tee in die bereitgestellten kleinen Teegläser füllte, sodass sich im Glas Schaum bildete. Dann schüttete er den Tee wieder zurück und wiederholte das Ganze.

Erst danach durften sie trinken. Es gab grünen, Eisenkraut- oder Zitronengrastee zur Auswahl. Dazu köstliche Aniskekse. Nachmittagstee statt Nachmittagskaffee sozusagen. Mit Wüstenambiente.

Nach der Teezeremonie ruhte sich Sarah aus. Sie nahm eine der Matten, lehnte sich gegen ihre Reisetasche, die sie im Stapel der abgeladenen Taschen entdeckt hatte, und streckte sich aus, so gut es eben ging. Dabei drehte sie, nun kurzärmelig, ihr Gesicht in die Sonne und genoss das warme Gefühl auf ihrer Haut. Sie brauchte nichts zu tun, nichts zu denken, nichts zu erreichen. Etwas Entspannenderes konnte sie sich nicht vorstellen.

Die Teezeremonie

Das Teetrinken spielt in der marokkanischen Gastfreundschaft eine wichtige Rolle. Die Marokkaner selbst trinken den Tee üblicherweise mit sehr viel Zucker, was für Touristen meist eher gewöhnungsbedürftig ist. Oft wird dem grünen Tee auch noch Minze beigemischt und der Tee mehrmals aufgekocht. Beim Servieren gießt der Gastgeber oder das Familienoberhaupt den Tee mehrere Male in hohem Bogen von der Teekanne ins Glas und wieder zurück, sodass eine schöne Schaumschicht entsteht. Gerade in der Wüste hat dieses Einschenkritual neben der Aromabildung auch den Zweck, den Sand vom Tee fernzuhalten. Durch den Schaum kann er leicht entfernt werden und der Tee bleibt sauber.

Foto: Amalou

Einige Zeit später gab es – diesmal im Gemeinschaftszelt – Mittagessen, obwohl es eigentlich schon mitten am Nachmittag war. Mit Zartweizen, gekochtem Gemüse, Fladenbrot, Thunfisch, Käse und Oliven, gefolgt von Orangenscheiben mit Zimt und Tee. Und wieder waren es keine komplizierten Gerichte, aber genau das, was hier passte.

Danach bezogen sie ihre Zelte. Wie schon am Tag zuvor richtete sich Sarah so ein, dass sie auch im Dunkeln alles finden konnte, was sie brauchte. Alles, was sie momentan nicht verwendete, blieb in den verschlossenen Beuteln in der Tasche. Da es nun warm war, befand sie, dass es Zeit war für etwas Körperhygiene. Sie hatte jede Menge Feuchttücher dabei, mit denen sie sich abrieb.

Eine Dusche ersetzte das natürlich nicht, dennoch fühlte sie sich hinterher einigermaßen sauber. Die Haare mussten allerdings bleiben, wie sie waren, an Haarwäsche war nicht zu denken. Auch mit dem Sand unter den Fingernägeln würde sie leben müssen. Aber es ging den anderen ja genauso, und schließlich war das hier kein Schönheitswettbewerb.

Nachdem alles fertig war, kroch Sarah wieder aus ihrem Zelt hervor. Sie ging auf Entdeckungsreise und erklomm – wieder gemeinsam mit ihrem Begleiter vom Vortag – eine der umliegenden Dünen. Von dort hatten sie einen herrlichen Blick auf das Lager.

Die beiden großen Zelte waren diesmal gegenüber voneinander aufgestellt und die kleinen grünen Igluzelte in einer Reihe nebeneinander. Die großen Körbe der Dromedare waren etwas weiter entfernt abgelegt worden. Die Tiere selbst hatte man ein Stück vom Lager weggebracht, sodass sie gerade noch in Sichtweite waren. Man hatte ihnen jeweils ein Bein hochgebunden, damit sie sich nicht zu weit entfernen konnten. Der Himmel über den Dünen wurde langsam rötlich, mit einem Hauch von Gelb. Nur wenige Wolken waren am Himmel.

Soooo schön, seufzte Sarah innerlich. Als sich einige aus der Gruppe näherten, sagte sie es auch laut. Niemand widersprach. Im Gegenteil. Wie gebannt verfolgten sie das Schauspiel der untergehenden Sonne. Immer mehr Schatten fiel auf die Dünen, während sich die Sonne dem Horizont näherte.

Die Luft wurde kälter. Der Himmel war großteils noch blau, nur unmittelbar über den Dünen orange und da, wo die Sonne unterging, schließlich gleißend hell. Dann sahen sie nur noch einen hellen Streifen, sonst war es fast dunkel. Die Sonne war weg.

Nach Sonnenuntergang

Plötzlich hörten sie das Geräusch von Rahmentrommeln, Klatschen und eine Singstimme, gefolgt von einer zweiten, die in den rhythmischen Gesang der ersten einstimmte. Traditionelle Berbermusik offenbar.

Berber haben echt ein Gefühl für die richtige Stimmung, dachte Sarah. Nichts hätte jetzt besser zum Ambiente gepasst. Die Musikanten saßen vor dem Küchenzelt auf umgedrehten Kanistern. Der junge Berber Hassan, der sie mit seinem Dromedar Georg tagsüber begleitete, hatte eine hervorragende Singstimme und offenbar viel Freude daran, sie erklingen zu lassen. Er strahlte über das ganze Gesicht, während er sang. Hin und wieder fielen die anderen Dromedarführer, der Koch und sogar Said in den Gesang ein.

Da es nun wieder kalt war, zogen sich nach einiger Zeit alle – Musikanten wie Touristen – in das Küchenzelt zurück. Für jeden wurde ein Kanister oder ein Klappsessel gefunden, sodass sie tatsächlich einigermaßen gemütlich sitzen konnten. Nun wurde gleichzeitig gekocht und musiziert. Und ein bisschen Tee getrunken. Statt Skihütte, Kamin und Punsch wie zu Hause gab es hier offenbar Zelt, Gaskocher und Tee. Und eine andere Musik natürlich. Sarah gefiel diese Variante definitiv besser als das rituelle Besäufnis in den Alpen.

Beim Abendessen fragte Said, ob jemand draußen schlafen wollte. Direkt unter dem Sternenhimmel, ohne Zelt. Er erzählte von den vielen Sternschnuppen, die er hier immer wieder sah, wenn er nachts in den Sternenhimmel blickte.

Sarah und auch einige andere fanden den Gedanken durchaus verlockend, allerdings froren sie schon wieder dermaßen, dass sie ihn verwarfen. Sarah fragte Said: »Hast du dir immer etwas gewünscht, wenn du eine Sternschnuppe gesehen hast?«

Said grinste und meinte: »Ich wollte, aber ich habe es nicht geschafft. Immer wenn ich eine Sternschnuppe gesehen habe, ist das so schnell gegangen, dass ich nicht mehr gewusst habe, was ich mir wünschen soll. Aber probier es selbst aus, vielleicht geht es bei dir besser.«

Sarah dachte, sie müsste sich einfach einen Wunsch zurechtlegen für den Fall, dass sie tatsächlich eine Sternschnuppe sah. So war das sicher zu schaffen.

Gesagt – getan. Sie hatte viele Wünsche, nun wählte sie gedanklich einen aus, den sie »aktivieren« wollte, wenn es so weit war. Heute würde sie allerdings keine Sternschnuppe mehr sehen, denn nach einem weiteren Tee und nachdem sie noch einmal der betörenden Musik der Berber gelauscht hatte, ging sie, heute mit einer Wärmflasche bewaffnet, in ihr Zelt, um diesmal hoffentlich besser zu schlafen als in der Nacht davor.

Wüstentraum

Zumindest bei den Vorbereitungen stellte sie sich etwas geschickter an als am Tag zuvor. Schnell zog sie sich um und schlüpfte in die beiden übereinander gezogenen Schlafsäcke. Die Wärmflasche strampelte sie bis ganz nach unten und versuchte, ja keine Stelle darauf unbenützt zu lassen. Kalt war ihr trotzdem, die Handschuhe hatte sie immer noch nicht gefunden, weshalb sie die Hände tief in den Schlafsack steckte.

Absichtlich blieb sie eine Zeit lang wach und lauschte den Geräuschen im Lager. Sie hörte Menschen an ihrem Zelt vorbeigehen, sie hörte, wie jemand draußen die Zähne putzte und danach den Reißverschluss eines Zelts öffnete. Und sie hörte leises Flüstern aus einem der Doppelzelte. Es war erstaunlich, dass sie es überhaupt wahrnehmen konnte. Schließlich standen die Zelte zwar nahe beieinander, aber so nahe auch wieder nicht. Nach und nach wurde es leiser. Auch die Musik war in der Zwischenzeit verstummt.

Langsam schlief Sarah ein. Irgendwann wachte sie wieder auf und bemerkte, dass die Wärmflasche kalt geworden war. Aber deshalb war sie offenbar nicht wach geworden, sondern von einem lauten Geräusch, das die Nacht erfüllte. Es kam von einem der Zelte, von welchem genau, wusste Sarah nicht.

Jemand schnarchte! Sarah grinste innerlich. *Na klar, irgendwer schnarcht immer!* Wären sie in der Stadt, würde sie ein Schnarchen in einem Nachbarzimmer nur in seltenen Fällen hören. Die Nebengeräusche wären zu laut. Hier in der Wüste, besonders in der Nacht, war das definitiv anders. Da es keine Geräuschkulisse gab, nahm man einfach alles wahr.

Sarah versuchte das Schnarchen zu ignorieren und kuschelte sich erneut in ihre Schlafsäcke. Sie schlief wieder ein. Kurz vor sechs Uhr wachte sie auf. Völlig verwirrt.

Habe ich das geträumt?, fragte sie sich erschrocken. *Oder ist das wirklich passiert und jetzt fällt es mir wieder ein?* Sie versuchte sich zu sammeln und Ordnung in ihre Gedanken und Gefühle zu bringen. So einen seltsamen Traum hatte sie noch nie gehabt - wenn es denn einer war.

In ihrem Traum war ihr früherer Lebensgefährte, von dem sie sich vor zwei Jahren eher unschön getrennt hatte, gestorben. Bis zu diesem Moment in der Wüste hatte sie mit der Trennung, obwohl sie von ihr ausgegangen war, immer noch gekämpft. Mal mehr und mal weniger. In ihrem Traum war ihr Expartner nun gestorben und sie fühlte sich - erleichtert.

Jetzt spinne ich völlig. Oh Gott, wie kann ich mich erleichtert fühlen? Schuldgefühle überkamen sie. Doch mit der Zeit wurde sie immer sicherer, dass es sich nur um einen Traum handelte und der Mann in Wirklichkeit noch lebte. Schließlich beruhigte sie sich. Je länger sie über den eigenartigen Traum nachdachte, desto mehr verstand sie.

Die Wüste hatte ihr Klarheit verschafft. Die Wüste hatte ihr gezeigt, dass sie im Hier und Jetzt leben sollte. In der Wüste war die Vergangenheit nicht relevant. An ihr war nichts mehr zu ändern, weder im Guten noch im Schlechten. Sie hatte sie zu dem gemacht, was sie war. Aber in der Gegenwart spielte sie keine Rolle mehr. Das begriff Sarah jetzt. *Nein, er ist nicht tot. Er gehört nur nicht mehr zu meinem Leben.* Zum ersten Mal seit der Trennung fühlte sie es auch. Deswegen also war sie nach dem Aufwachen erleichtert gewesen. Und das war richtig so.

Kurze Zeit später hörte sie Saids fröhliches »Guten Morgen«. Geradezu beschwingt stand sie auf und holte sich eine der Schüsseln mit dampfendem Wasser.

Auch heute fror sie und beschränkte sich deswegen wieder auf Katzenwäsche. Aber hey, was war das bisschen Frieren gegen die Erkenntnis, die sie heute Nacht gewonnen hatte? Wie viele Gespräche hatte sie in den vergangenen Jahren mit Freunden und vereinzelt sogar mit Profis geführt, um das Thema abzuschließen? Unzählige! Und was hatte es gebracht? Nicht viel. Aber eine Nacht in der Wüste genügte, um es endlich abzuhaken. Nicht nur vorübergehend, sondern dauerhaft. Auch das fühlte sie. An diesem kalten Dezembermorgen dachte die rationale, kopfgesteuerte Sarah voller Dankbarkeit: *was für ein magischer Ort!*

Im Wüstenmodus

Im Wüstenmodus

Die nächsten Tage folgten einem ähnlichen Rhythmus: aufstehen in der Dunkelheit, wandern bis zum Nachmittag, Pause und Tee, Abendessen, schlafen. Und Sarah genoss es.

Sie tauchte immer weiter in die Welt der Wüste ein. Die bot durchaus Abwechslung, wenn man sie genauer betrachtete. Die Gruppe stieß unter anderem auf Muscheln aus längst vergangenen Zeiten, die es durch Sandverschiebungen wieder an die Oberfläche geschafft hatten. Außerdem auf verschiedene Formen von Vegetation, Insekten – sogar Zecken! – und vor allem auf die unterschiedlichsten Landschaftsformen.

Manche Wanderstrecken waren komplett flach, manche folgten einem Weg, wieder andere verliefen über hohe Dünen, auf deren Kamm sie entlanggingen. Einmal wanderten sie sogar ein Stück auf der legendären Karawanenstraße von Marrakech nach Timbuktu, das im heutigen Mali liegt. Wobei der Begriff Straße Sarah doch etwas übertrieben schien für etwas, das eigentlich nur eine Sandpiste war und auf der sie kaum jemanden trafen. Insgesamt waren die Veränderungen, die die Wanderer im Laufe der Woche erlebten, im Vergleich zu Städtereisen oder Autofahrten aber sanft und ließen dem Betrachter genug Zeit, sie auch zu verinnerlichen.

Einmal stießen sie auf eine kleine Gruppe Dromedare. Offensichtlich Muttertiere mit ihren Jungen. Die Kleinen staksten mit ihren – im Vergleich zum restlichen Körper viel zu langen – Beinen noch völlig ungeschickt durch den Sand. Sie schienen gerade erst geboren worden zu sein. Die Muttertiere behielten die Vorbeigehenden argwöhnisch im Blick, um jederzeit einschreiten zu können, wenn den Jungtieren Gefahr drohte.

Deshalb näherte sich Sarah, ebenso wie die anderen, nur so weit, dass sie fotografieren und den friedlichen Anblick in sich aufnehmen konnte. *Dürfen die denn ganz allein hier in der Wüste sein? Achtet denn keiner darauf, dass mit den Tieren alles in Ordnung ist?* Doch dann sah sie in einiger Entfernung einen Hirten im Sand sitzen und sie beobachten. Es passte also doch jemand auf. Sarah war erleichtert.

Wie sie bei anderer Gelegenheit noch erkennen konnte, waren die Hirten sogar durchaus modern unterwegs. Abgesehen vom Cheche trugen sie meist westliche Kleidung und kamen mit dem Jeep.

Selten, aber doch, trafen Sarah und ihre Gruppe auf andere Touristen. Umso häufiger, je näher der Jahreswechsel rückte. Offenbar war es in gewissen Kreisen modern geworden, Silvester in der Wüste zu verbringen. Sarah fand den Anblick anderer Menschen - insbesondere von Touristen - mit der Zeit irritierend. Sie wollte niemandem begegnen. Während sie selbst versuchten, mit der Natur im Einklang zu sein, kulturelle und traditionelle Werte zu berücksichtigen und auch keinen Müll zu hinterlassen, traf das auf andere nicht unbedingt zu.

Einmal, als sie gerade Rast machten, zog eine Gruppe eines anderen Reiseveranstalters in wenigen Metern Entfernung an ihnen vorüber. Sarah bemerkte, dass sie nicht die Einzige war, die ob des Anblicks dieser Leute irritiert war.

»Schaut mal, wie die angezogen sind!«, empörte sich auch gleich jemand aus ihrer Gruppe.

Die Touristen hatten entweder keine Kopfbedeckung auf oder nur eine Baseballkappe und waren teilweise in kurzen Hosen und T-Shirts unterwegs. Sarah war richtiggehend entsetzt, auch deshalb, weil sie mittlerweile so daran gewöhnt war, die lokalen Gebräuche zu achten, dass ihr kurze Hosen geradezu wie ein Frevel vorkamen. Sie wollte sich nicht einmal vorstellen, wie der Lagerplatz einer solchen Gruppe nach dem Aufbruch aussah.

»Die werden sich einen richtig argen Sonnenbrand und einen Sonnenstich holen«, kommentierte eine ihrer Begleiterinnen die leichte Bekleidung noch aus einem anderen Grund.

»Und überhaupt, so wie die daherkommen, gehen die keine zwei Kilometer weit«, hörte sie eine weitere Stimme sagen.

Tatsächlich trugen einige der Touristen nicht einmal Wanderschuhe und wirkten insgesamt eher lahm und unfit. Sarah konnte sich ebenfalls nicht vorstellen, dass man mit so einer Nichtausrüstung weit kam. Gleichzeitig war sie mit ihrer eigenen Gruppe und vor allem mit dem Begleitteam nun noch zufriedener.

Sie hatte mehrfach beobachtet, wie ihre Begleiter Müll anderer Gruppen aufhoben und mitnahmen und peinlichst genau darauf achteten, dass absolut nichts an einem ihrer Lagerplätze zurückblieb. So sollte das auch sein, fand sie.

Dromedar Georg blieb während all der Wanderungen ständig an ihrer Seite. Geduldig trottete er mit seinem »Chef« hinter ihnen her oder ging voraus. Im Grunde war er bei ihnen, um Wasser- und Essensvorräte mitzuschleppen, aber auch, um den einen oder anderen müden Wanderer ein Stück des Weges zu tragen, falls er nicht mehr konnte oder wollte. Das passierte allerdings selten, weswegen Said begonnen hatte, etwa eine Stunde vor Erreichen des nächsten Lagers die Gruppe zu fragen, ob jemand reiten wollte.

Sarah fand, wenn sie schon die Gelegenheit hatte, sollte sie zumindest einmal ausprobieren, wie sich so ein Ritt auf einem Dromedar anfühlte. Also beschloss sie, das Angebot von Said anzunehmen.

Daraufhin brachte Hassan Georg ohne große Umstände zum Niederknien. Sarah betrachtete das Tier. Zum Sitzen lag eine der blauen Matten quer über den Tragekörben. Sarah bemerkte eine Art Haltegriff, der irgendwo am Zaumzeug montiert sein musste und zwischen Höcker und Hals des Dromedars aufragte. Said und Hassan postierten sich links und rechts des Tieres und erläuterten ihr, dass sie nun so hinaufklettern sollte, dass ihre Füße auf beiden Seiten vor den Tragekörben landeten.

Puh, hoffentlich komme ich da hinauf, ohne dass es peinlich wird. Sarah erinnerte sich, dass sie ja schon mit dem Sitzen beim Abendessen ihre Probleme hatte. Und so ein Dromedar war richtig hoch, selbst wenn es kniete. Wenn sie danebenstand, ging Georg ihr immerhin noch bis zum Bauchnabel. *Lieber doch nicht?* Nichts da, jetzt war es zu spät. Sie ergriff also energisch den Haltegriff, während die beiden Männer das Dromedar nach unten drückten, und versuchte sich hinaufzuschwingen.

Es klappte! Sicher nicht elegant, aber immerhin. Hauptsache, sie war oben. Doch kaum war sie, noch etwas unsicher, in ihrer Sitzposition, hatte Georg keine Lust mehr zum Knien und stand auf. Zuerst halb mit den Vorderbeinen und dann mit den Hinterbeinen, sodass Sarah zuerst nach hinten und danach

wieder nach vorn geschleudert wurde. Erst in der dritten Phase des Aufstehens streckte er auch die Vorderbeine ganz durch und warf Sarah damit ein weiteres Mal nach hinten. »Wüstenrodeo für Anfänger!«, brummte sie und fühlte sich wie ein Mehlsack, der herumgeschleudert wurde. Da Georg aber nun stand, wurde die Angelegenheit langsam etwas stabiler.

Die Gruppe marschierte weiter, während Sarah versuchte, nicht vom Dromedar zu fallen. Das hatte sie sich auch einfacher vorgestellt. Eigentlich sollte Georg ja hauptsächlich dann geritten werden, wenn man zu Fuß nicht mehr weiterkonnte oder -wollte. Zum Ausruhen. Wie man sich auf dem Tier ausruhen sollte, blieb Sarah allerdings ein Rätsel. Es schaukelte bei jedem Schritt so heftig, dass sie sich ständig am Griff festklammern musste.

Besonders schlimm wurde es, wenn sie eine Düne in Angriff nahmen. In diesem Fall musste sie richtig aufpassen, um nicht hinunterzupurzeln, entweder nach vorn oder nach hinten, je nachdem, ob sie die Düne gerade hinauf- oder hinuntergingen. Erholsam war das nicht! Jedes Mal, wenn sie eine Düne umrundeten, statt hinaufzugehen, war sie insgeheim froh.

Der junge Dromedarführer schien von ihren Anstrengungen allerdings nichts mitzubekommen, er war bester Laune und sang fröhlich vor sich hin. Als sie endlich im nächsten Lager ankamen, stand Sarah die Erleichterung ins Gesicht geschrieben. Das Absteigen erwies sich glücklicherweise als kein großes Problem mehr, aber sie wusste jetzt: Ein zweites Mal würde sie Georg nicht beehren.

Ein kulinarisches Highlight

Während der ersten beiden Tage in der Wüste hatte die Gruppe von den Brot- und Fleischvorräten gezehrt, die Said bei ihrem letzten Stopp vor der Wüste gekauft hatte. Die gingen nun zu Ende. Während sie auf Fleisch allein aus Gründen der Haltbarkeit während der nächsten Tage würden verzichten müssen, traf das auf das Brot nicht zu.

Said hatte ihnen bereits etwas geheimnisvoll angedeutet, dass sie kurz vor dem Abendessen das Lager noch einmal verlassen sollten, um hinter die nächste Düne zu schauen. Neugierig, wie Sarah war, tat sie, wie ihr geheißen.

Allerdings dauerte es, bis sie in der Dämmerung die richtige Düne entdeckte. Entweder hatte sich Said unklar ausgedrückt oder sie hatte es nicht verstanden. Da ihre Orientierung grundsätzlich nicht die beste war, hielt sie Letzteres für wahrscheinlicher. Aber schließlich fand sie, was sie gesucht hatte.

Schon von Weitem bemerkte sie eine kleine Rauchfahne und einige Leute aus ihrer Gruppe drum herum. Beim Näherkommen sah sie Hassan vor einem kleinen Wüstenbackofen knien, neben sich jede Menge noch rohe Fladenbrote, die mit einem Tuch abgedeckt waren.

Ein anderer Berber aus dem Begleitteam hatte Holz gesammelt, das er Hassan Stück für Stück reichte. Der kleine Backofen schien tatsächlich aus Sand gebaut zu sein, auch wenn sich Sarah fragte, wie er so befestigt worden war, dass er nicht schon beim kleinsten Windhauch zusammenbrach. In dem Wüstenbackofen, der aussah wie eine kleine Höhle, hatte Hassan trockenes Holz angezündet, das er immer wieder beiseiteschob, um die Glut besser nützen zu können.

Sarah erkannte, dass auf der Glut eine Art flache Pfanne mit einem Fladenbrot lag. *Ist das wirklich real?,* fragte sie sich. Nicht weil Brotbacken so surreal war, sondern weil die ganze Szenerie wieder einmal aussah wie in einer Filmkulisse. Die orangefarbenen Dünen, die langsam in der beginnenden Dunkelheit verschwanden, das in dem Backofen aus Sand prasselnde Feuer, der junge Berber mit dem schönen Gesicht unter dem mittlerweile nicht mehr ganz sauberen weißen Cheche, der mit großer Ernsthaftigkeit Brot backte.

Daneben ein weiterer Berber, ganz in dunkle Kleidung gehüllt, der sich um das Holz kümmerte und kein Wort sprach.

Hätte man ein Werbefoto für einen Selbstversorgerworkshop in der Wüste machen wollen, das wäre die passende Szenerie gewesen.

Nicht immer ging alles glatt, das eine oder andere Brot fiel beim Wenden ins Feuer. Aber das machte nichts. Said hatte erzählt, dass Hassan vom Koch lernte, wie man eine Reisegruppe in der Wüste verpflegte, um irgendwann selbst als Koch arbeiten zu können. Er machte seine Sache bereits sehr gut, fand Sarah. Ab und zu erhaschte sie eine leichte Duftbrise des frisch gebackenen Brotes. Dafür musste sie aber sehr nahe stehen, sonst trug der Wind den Duft zu ihrem Leidwesen von ihr weg. Man konnte eben nicht alles haben!

Als Sarah wieder einmal von den Flammen des Backofens hochsah, bemerkte sie, dass jemand auf die nächste Düne gestiegen war. Sie lag bereits komplett im Dunkeln. Der Mond war schon aufgegangen und leuchtete hell am mittlerweile sehr dunklen Himmel. Nur direkt über dem Rand der Düne gab es noch einen kleinen weißlichgelben Streifen. In diesem, und zwar direkt unter dem Mond, stand jemand.

Automatisch griff Sarah nach ihrem Handy, um diesen Augenblick und dieses Bild für immer festzuhalten. Es war schon wieder so eine Szene, die sie noch vor einer Woche für ein gestelltes und bearbeitetes Foto in einem Werbeprospekt gehalten hätte. Nun hatte sie es selbst gemacht, als Schnappschuss mit ihrem Handy. Es war unfassbar. Die Wüste hatte sie schon wieder verzaubert, zum mittlerweile gefühlt hundertsten Mal. Am liebsten wäre Sarah ewig genau dort stehen geblieben, mit Blick auf das prasselnde Feuer, das frische Brot und den Mond, zu dem sich nach und nach auch die ersten Sterne gesellten. Sie konnte sich nichts Friedvolleres oder Entspannenderes vorstellen.

Zum Abendessen gab es erst einmal etwas von dem frisch gebackenen Brot. Es war noch warm, an manchen Stellen etwas verbrannt, und es schmeckte himmlisch. Dann und wann biss Sarah zwar auf etwas Sand, aber sie fand, das machte das Ganze erst so richtig authentisch. Die nachfolgenden Gänge konnten mit diesem kulinarischen Highlight nicht mehr konkurrieren.

Nächtliche Unruhe

Nach ein paar Tagen hatte Sarah schon so etwas wie eine Routine entwickelt, wenn sie sich abends in ihr Zelt zurückzog. Vor dem Schlafengehen verbrachte sie nun noch einige Zeit im Küchenzelt, wo sie auf einem Hocker oder einem Sack mit Vorräten saß.

Einmal hätte sie sich fast auf ein Brett mit abgedeckten Fladenbrotlaiben gesetzt, die zum Gehen unter einem Tuch ausgebreitet worden waren. Gerade als sie sich schwungvoll, oder was sie eben dafür hielt, darauf niederlassen wollte, ergriff sie der Koch am Arm und zerrte sie weg. Nicht auszudenken, wenn sie das kostbare Fladenbrot ruiniert hätte!

Im Küchenzelt war es aufgrund der Gaskocher wärmer als überall sonst. Um diese Zeit wurden die Gaskocher genützt, um Wasser für Wärmflaschen heiß zu machen. Aber es war nicht nur die Wärme, die Sarah regelmäßig ins Küchenzelt lockte, es war vor allem die Musik. Sie liebte die rhythmischen Gesänge der Berber, die von Rahmentrommeln oder auch nur vom Klopfen auf leere Kanister begleitet wurden. Und sie liebte die Freude an der Musik, die sich in den strahlenden Gesichtern der Musikanten widerspiegelte.

Sie verstand zwar kein Wort von dem, was gesungen wurde, ebenso wie die anderen aus ihrer Gruppe, dennoch konnten sie nicht anders, als beim Refrain mitzusummen und mitzuklatschen. Wobei sie vor allem gegen Hassan ordentlich abstanken. Aber das machte ihnen nichts aus, die Musik war wie ein Sog, man musste einfach mitmachen. Ob gut oder schlecht, war egal.

Immer wenn das Wasser in einem der Töpfe kochte, wurden ein paar Wärmflaschen gefüllt. Das war eine längere Prozedur, da mittlerweile fast alle festgestellt hatten, dass es sich mit einer Wärmflasche an den Füßen eben doch besser schlief, und es nur zwei Wasserkessel gab. Sarah schaffte es regelmäßig, unter den Letzten zu sein, die eine Wärmflasche erhielten, um die heimelige Atmosphäre im Küchenzelt möglichst lange zu genießen. Denn wenn man einmal eine Wärmflasche in der Hand hatte, sollte man sich damit möglichst schnell in den Schlafsack begeben, bevor sich die behagliche Wärme in unbarmherzige Kälte verwandelte.

Am liebsten war es Sarah, wenn sie, während sie sich mit ihrer Wärmflasche in ihre Schlafsäcke hüllte, aus der Ferne immer noch die Musik aus dem Küchenzelt hören konnte. Dann fühlte sie sich richtig geborgen und behütet. Die Kälte war deswegen zwar nicht verschwunden, aber sie fühlte sich gleich weniger schlimm an.

Als sie wieder einmal mitten in der Nacht aufwachte, hörte sie neben dem üblichen Schnarchen, an das sie sich fast schon gewöhnt hatte, ein ungewöhnliches Geräusch. Noch schlaftrunken konnte Sarah zunächst nicht identifizieren, was das war. Es hörte sich an wie ein Trampeln, und zwar von sehr schweren Tieren, und wie eine Art Schnauben. *Die Dromedare können es nicht sein, die sind doch ein gutes Stück vom Lager entfernt. Oder doch nicht? Können sie sich mit ihren hochgebundenen Vorderbeinen so weit fortbewegt haben?* Das wusste Sarah nicht, aber irgendwas war da. Mit Sicherheit. Sie bildete sich das nicht ein. Und es näherte sich ihrem Zelt. An Schlaf war nicht mehr zu denken.

Wenn es gegangen wäre, wäre sie jetzt im Schlafsack aufgesprungen, so sehr stand sie unter Adrenalin. Offenbar waren auch einige der anderen wach geworden. Sie hörte Flüstern von den anderen Zelten, aber offenbar traute sich niemand hinaus, um nachzusehen. Langsam war es Sarah klar. Es mussten doch die Dromedare sein. *Was, wenn die über mein Zelt trampeln? Oder ist das Zelt zu hoch, und ich bin hier drin am besten geschützt?* Da sie keine Ahnung hatte, ob es draußen oder drinnen sicherer war, blieb sie, wo sie war, und lauschte in die Nacht.

Nach einiger Zeit bemerkte sie, dass sich die Geräusche entfernten. Irgendwann schlief sie auch wieder ein. Am nächsten Morgen – dem Morgen des letzten Tages im Jahr – fragte sie sich, ob sie das nicht einfach alles nur geträumt hatte.

Als sie wie immer in völliger Dunkelheit aufstand, war es schwierig, verräterische Spuren im Sand überhaupt zu erkennen. Kaum aber näherte sie sich dem Gemeinschaftszelt, hörte sie schon die anderen: »Habt ihr das auch gehört?«, fragte jemand.

»Ja«, sagte eine andere. »Waren das die Dromedare?«

»Ich habe mich echt gefürchtet«, meinte eine Dritte.

»Ich auch«, sagte Sarah, als sie das Zelt betrat. »Aber wie wären die Dromedare hierhergekommen? Und wie sind sie wieder verschwunden?«

Keiner wusste es. Einige Minuten später tauchte Said auf und die Gruppe überfiel ihn mit Fragen. »Habt ihr die Dromedare gehört?«, fragte er unschuldig. »Sie haben sich heute Nacht losgerissen, aber die Dromedarführer haben sie wieder eingefangen.«

Nun hatten sie also ihre Erklärung. Ende gut, alles gut.

Wieder eine Story für zu Hause, dachte Sarah, jetzt, wo alles überstanden war.

Der Silvestertag

Sarah war keine Freundin von Silvester. Immer schon hatte sie diesen Tag als künstlichen Feiertag empfunden. Meist hatte sie ihn mit Freunden verbracht, weil man das eben so macht. Deshalb war sie diesmal besonders froh, sich das ganze Getue rund um den Jahreswechsel zu ersparen.

Said hatte die Gruppe vorgewarnt. Am Silvestertag würde die Wanderung besonders lang und anstrengend werden, da es besser sei, den üblichen Lagerplatz auszulassen und ein bisschen weiterzuziehen.

Die Erklärung dafür lieferte er gleich nach. Der Lagerplatz, den er normalerweise ansteuerte, lag in der Nähe der berühmten großen Düne. Da sie aber für allerlei Silvesterausflügler, die nur für diesen einen Tag in die Wüste kamen, und das auch noch mit Jeeps, »the place to be« war, würden sie noch ein Stück weiterwandern, um genügend Abstand zu gewinnen.

Sarah war das nur recht. Sie hatte keine Lust darauf, Silvestergegröle in der Wüste zu hören. Die große Düne stand natürlich trotzdem auf dem Programm.

Sie zogen also etwas früher als sonst los. Zuerst ging es eben dahin, doch nach einiger Zeit sah Sarah am Horizont tatsächlich ungewöhnlich hohe Dünen aufragen. Je weiter sie sich ihnen näherten, desto windiger wurde es.

Als der Wind ihnen den Sand immer häufiger ins Gesicht peitschte, blieb Said stehen und zeigte allen, wie man sich den Cheche richtig über Kopf und Gesicht band. Sarah, die bisher das Gesicht immer frei gelassen hatte, weil sie befürchtete, sonst Beklemmungen zu bekommen, war diesmal dankbar für den Gesichtsschutz. Frei blieben nun nur noch die Augen, und die bedeckte sie mit ihrer großen Sonnenbrille. Es war schon ein seltsames Gefühl, so ganz vermummt, fand sie. Sobald es ging, würde sie sich wieder befreien, so viel war sicher.

Sie spürte den Druck des festen Tuches auf ihrer Haut, das ihr außerdem die Sonnenbrillenbügel unangenehm in die Kopfhaut hinter den Ohren drückte. Über dem Mund wurde der Stoff schnell feucht. Aber immer noch besser, als sich den Sand mit hoher Geschwindigkeit ins Gesicht blasen zu lassen.

Was Sarah nicht bedacht hatte, war, dass die große Düne ja nicht einfach so in der Landschaft herumstehen würde, sodass man kurz hinauf- und gleich wieder runtermarschieren könnte. Nein, so einfach war es nicht. Um die große Düne zu bezwingen, musste man einige kleinere, aber im Vergleich zu den bisher bekannten doch gar nicht so kleine Dünen erklimmen.

Das war deutlich anstrengender, als Sarah sich das vorgestellt hatte. Auch wenn der Vergleich hinkt: Die Szenerie hatte in ihren Augen etwas von einer Besteigung des Mount Everest.

Einer stapfte schweigend und konzentriert hinter dem anderen. Und das genau in den Spuren des jeweiligen Vorgängers am Grat der teilweise sehr lang gezogenen Dünen. Hinauf und wieder hinunter, während die Dünen immer höher wurden.

Mit der Zeit wurden – je nach Kondition – die Abstände zwischen manchen Gruppenmitgliedern immer größer. Sarah kämpfte, aber sie wollte um keinen Preis zugeben, dass ihr der Marsch an diesem Tag ordentlich zusetzte. Wenigstens war es nicht so kalt und wohl auch kaum so gefährlich wie auf dem Mount Everest. Müll gab es auch nicht. Immerhin.

Ab und zu tat Sarah so, als würde sie sich umblicken und die Aussicht genießen, während sie in Wahrheit unauffällig verschnaufen wollte. Dennoch bekam sie mit, dass sich von allen Seiten Gruppen der großen Düne näherten. Said hatte also recht gehabt, heute waren sie definitiv nicht allein in der Wüste.

Nach einer gefühlten Ewigkeit hatte sie endlich den Gipfel erreicht. Zumindest das, was sie dafür hielt. Gipfelkreuz gab es schließlich keines, dafür war die Aussicht auf die vielen umliegenden Dünen überwältigend. Die letzte war sie auch nicht. Erleichtert ließ sich Sarah im Sand nieder, während sie mit den vor ihr Angekommenen und Said auf den Rest wartete. Wieder eine willkommene Verschnaufpause.

Der Anblick der irgendwann vollständig eingetroffenen Gruppe war wirklich ungewöhnlich. Lauter total vermummte Gestalten. Vermutlich waren die meisten nicht einmal beim Skifahren so eingehüllt. Ein Gruppenselfie musste also her, auch wenn man hinterher nur schwer erkennen konnte, wer denn nun wer auf dem Foto war …

Ein anderer Touristentrupp verließ die große Düne derweil wieder. Und das an einer relativ steilen Stelle. Sarah sah zu, wie einzelne Leute juchzend und in hohem Tempo die Düne hinunterrannten – ohne Rücksicht auf Verluste, wie es schien.

Und da passierte es auch schon! Eine Person – ob Mann oder Frau konnte Sarah nicht erkennen – überschlug sich mehrfach und rollte in einer Abfolge von unfreiwilligen Purzelbäumen die Düne hinunter. Sarah sah entsetzt zu und wollte sich nicht einmal ausmalen, was da alles passieren konnte. So schlimm war es dann allerdings doch nicht. Zumindest aus der Ferne schien sich die oder der Betroffene nichts getan zu haben und stand – endlich unten angekommen – langsam wieder auf. Noch mal gut gegangen!

Sarah dämmerte nun langsam, dass sie ja auch irgendwie die Düne wieder hinunterkommen musste, und sie bezweifelte, dass sie denselben Weg, den sie gekommen waren, zurückgehen würden. *Oh nein, wir werden auch so runterrennen,* dachte sie mit enden wollender Begeisterung. Sie schaute zu Said. Der deutete auf den vor ihnen liegenden Abhang.

»Da hinunter!« Die anderen schienen sich bereits auf das kleine Abenteuer zu freuen. Einer nach dem anderen stand auf. »Yallah!«, rief Said. »Los geht's!« Und schon rannten die ersten los, während Sarah ihnen mit einem mulmigen Gefühl nachblickte. In ihren Augen grenzte das ja schon an Extremsport, und das war so gar nicht Ihres. Aber es half nichts.

Wieder hörte sie Saids »Yallah!«, diesmal auf sie selbst bezogen. Während sie noch zaghaft fragte: »Soll ich das jetzt wirklich machen?«, bekam sie einen sanften Stups von hinten und lief, weil es nun ja wirklich nicht mehr anders ging, los.

Wobei: Laufen war nicht das richtige Wort. Es war wohl eher ein schnelles Gehen. So mutig war sie auch wieder nicht.

Aus dem Augenwinkel sah sie, wie sie rechts von Said überholt wurde. Bei ihm sah das allerdings richtig elegant aus. Irgendwie wie bei einem Skispringer, der die Sprungschanze hinabfuhr und immer schneller wurde. Nur dass Said am Ende der Schanze – in diesem Fall des Abhangs – nicht sprang, sondern langsam auslief. Na ja, er machte das ja wohl fast jede Woche.

Weniger gewandt, aber zumindest unverletzt und ohne Sturz kam Sarah nach einer Weile auch unten an. *Geschafft!* Insgeheim hoffte sie, dass sich so etwas nicht wiederholen würde, auch wenn es eigentlich gar nicht so schlimm gewesen war.

Sie fand, dass sie sich alle nach diesen Strapazen nun eine längere Pause verdient hätten. Doch bis dahin mussten sie noch ein gutes Stück zurücklegen.

Wie immer war Hassan mit Georg – und damit auch mit den Vorräten – einfach wieder irgendwann aufgetaucht. Da es diesmal ein besonders langer Tag und noch zu weit bis zum nächsten Lager war, gab es nur ein Picknick anstelle eines gekochten Mittagessens.

Mittlerweile waren sie ja fast schon geübt im Herrichten der Sandwiches. Im Nu war alles fertig. Nachdem sich alle die Bäuche vollgeschlagen hatten, streckte sich einer nach dem anderen im Sand aus. Es war auch wirklich verführerisch. Sie befanden sich in einer etwas geschützten Mulde, und wenn man sich in den warmen Sand legte, spürte man selbst den starken Wind kaum mehr.

Der volle Magen trug ein Übriges dazu bei, dass bald alle einschliefen. Es war ein lustiger Anblick. Wenn man nicht so genau hinsah, sah man lauter bunte Flecken im Sand, die mehr oder weniger im Kreis um ein Dromedar herum gruppiert waren.

Nachdem Hassan und Said die Reste wieder eingepackt hatten, band einer der beiden Georg ein Bein hoch, sodass er sich nicht weit entfernen konnte. Zumindest war das wohl der Plan gewesen.

Auch Sarah schlief ein, wachte aber nach einer Weile auf, weil ihr doch etwas zu kalt war. Als sie sich aufrichtete, um noch eine Jacke anzuziehen, bemerkte sie, dass alle anderen noch gemütlich im Sand lagen. Allerdings sah sie weder das Dromedar noch Hassan noch Said. *Die sind sicher nicht weit,* dachte sie und legte sich wieder hin.

Als sie das nächste Mal aufwachte, war mindestens eine halbe Stunde vergangen und inzwischen waren auch die meisten anderen wieder munter. Aber weder vom Dromedar noch von den beiden Marokkanern gab es eine Spur.

Sie warteten. Eigentlich wollte die Gruppe langsam wieder aufbrechen, es war schließlich schon mitten am Nachmittag und sie wussten, dass ihnen noch ein langer Fußmarsch bevorstand. Doch ohne Guide wurde daraus nichts.

»Wo sind die hingekommen?«, fragte jemand, nachdem wieder ein paar Minuten verstrichen waren.

»Ja, komisch, oder?«, meinte eine andere. »Beide sind weg und Georg auch. Ich glaube nicht, dass das so geplant war.«

»Ich glaube, Georg ist abgehauen«, mutmaßte Sarah. »Und jetzt müssen sie ihn suchen.«

Sie merkte, dass sie nicht die Einzige war, die langsam zu überlegen begann, was sie machen sollten, wenn weder Guide noch Dromedarführer in nächster Zeit wieder auftauchen sollten. Keiner wusste, wo das nächste Lager war. Und selbst wenn sie es gewusst hätten, hätte niemand genug Orientierung gehabt, um es zu finden. Allein loszugehen war also unmöglich. Sie mussten warten.

Das Gute war, dass sie sich ja immer noch relativ nah an der großen Düne befanden. Das hieß, dass sich viele andere Gruppen in Gehweite befanden. Die Gruppe würde also nicht verloren gehen.

Zum Warten verdammt vertrieben sie sich die Zeit mit mehr oder weniger launigen Mutmaßungen darüber, was passiert war und warum sie allein in der Wüste »ausgesetzt« worden waren. Keiner gab es zu, aber vermutlich war den meisten nicht ganz wohl bei dem Gedanken, ohne Guide oder einen anderen Einheimischen in der Sahara zu sein.

Endlich, nach einer gefühlten Ewigkeit, sahen sie zwei Gestalten und ein Dromedar am Horizont auftauchen. Bald danach erkannten sie, dass es tatsächlich ihre Begleiter waren. »Halleluja« oder wie man hier eher sagen würde »Alhamdullilah«! Bei ihnen angekommen verlor Said kein Wort über seine beziehungsweise Hassans und Dromedar Georgs Abwesenheit. Niemals würde er zugeben, dass die beiden die Situation vielleicht nicht ganz im Griff gehabt hatten. Stattdessen trieb er sie zum Aufbruch. *Auch eine Möglichkeit abzulenken,* dachte Sarah, war aber doch insgeheim froh, dass alle wieder da waren.

Fünf Minuten später waren sie wieder unterwegs, schließlich wollten sie so bald wie möglich das nächste Lager erreichen.

Jahreswechsel in der Wüste

Die Gruppe und auch Said hatten nie darüber gesprochen, wie sie den Jahreswechsel in der Wüste gestalten wollten. Es war einfach nicht relevant gewesen. Vermutlich waren die meisten sogar ganz froh darüber, sich dem üblichen Silvestertrubel entziehen zu können.

An diesem Tag waren sie vergleichsweise müde, als sie endlich im Lager ankamen. Aufgrund der relativ späten Ankunft hatten sie weniger Zeit als sonst, um sich auszuruhen und frisch zu machen. Aber im Grunde war das egal, sie mussten diesmal für Silvester ja nicht schick sein.

Sarah sah, wie ihr Begleitteam Holz sammelte und ein paar Meter von den Zelten entfernt aufschichtete. Es würde also ein Lagerfeuer geben. *Das werden wir auch brauchen. Um Mitternacht waren wir bis jetzt immer mit Wärmflaschen in unseren Schlafsäcken. Es wird sicher eiskalt.* Tatsächlich war es sogar schon vor Einbruch der Dämmerung kälter als sonst. Ausgerechnet! Daher nahmen sie das Abendessen diesmal im Gemeinschaftszelt und nicht wie sonst im Freien ein.

Während Sarah noch darüber sinnierte, dass dies das erste Silvester werden würde, an dem sie mit Tee - schließlich waren sie in einem muslimischen Land - und nicht mit Sekt anstoßen würde, betrat Said das Gemeinschaftszelt und hielt mehrere Flaschen in der Hand.

»Ich habe euch etwas mitgebracht«, verkündete er und stellte die Flaschen auf das »Tischtuch«. Zu aller Überraschung war es Wein, und zwar **Wein aus Marokko**. Sowohl weißer als auch roter. Sarah hatte bis dahin nicht einmal gewusst, dass es marokkanischen Wein gab. »Den habe ich extra für heute aufgehoben«, sagte Said voller Stolz.

Sarah fand es rührend, welche Mühe er sich gegeben hatte, dennoch war die Vorstellung, Wein in der Wüste eines muslimischen Landes zu trinken, fast befremdlich. In den Gesichtern der anderen sah sie, dass sie ähnlich zu denken schienen.

»Wer will?«, fragte Said. »Ihr müsst trinken, ich werde den Wein nicht wieder mit zurücknehmen.«

Das überzeugte sie. Said füllte die Gläser - mangels Weingläsern mussten sie mit Teegläsern vorliebnehmen - und die Gruppe prostete sich gegenseitig zu. Bis Mitternacht waren es zwar noch ein paar Stunden, aber wer wusste schon, ob sie so lange überhaupt durchhalten würden. Außerdem wärmt Alkohol schließlich von innen ...

Marokkanischer Wein

Auch wenn einem heute ungewöhnlich vorkommt, dass es in Marokko Weinbau gibt, ist er dort keineswegs neu. Er geht sogar bis auf die Phönizier zurück und auch die Römer haben hier ihre Spuren hinterlassen. Ende des 19. Jahrhunderts haben die Franzosen den marokkanischen Weinbau auf neue Beine gestellt. Ab der Unabhängigkeit Marokkos hat er aber naturgemäß wieder an Bedeutung verloren. Die wichtigsten Sorten sind die drei roten Carignan, Cinsaut und Grenache Noir; sie kommen aus der Region Meknéz-Féz an den Hängen des Atlasgebirges. Marokkanische Rotweine gelten als farbstark, alkoholreich und säurearm. Neben Rotweinen gibt es aber auch marokkanische Weißweine, die eher aus sandigen Gebieten stammen, und sogar Champagner.

Nach dem Abendessen kam erneut die Frage auf, wie sie bis Mitternacht durchhalten sollten. Immer wieder überlegten sie, Silvester einfach in ihre Schlafsäcke gekuschelt zu verschlafen. Mittlerweile war es empfindlich kalt geworden, mit einer Temperatur von unter null Grad. Doch kaum äußerte jemand dieses Ansinnen, wurde Said streng: »Niemand geht vor dem neuen Jahr schlafen«, um gleich darauf mit einem »Lockangebot« zu kommen: »Ihr dürft morgen auch bis sieben Uhr schlafen.« Das war doch mal ein Vorschlag ...

Unterdessen entzündete jemand aus dem Begleitteam das Lagerfeuer. Schnell versammelten sich alle darum, um sich aufzuwärmen. Bald schon holten die Marokkaner ihre Trommeln und die Kanister, die sie als Trommelersatz verwendeten, heraus, begannen zu musizieren und um das Lagerfeuer zu tanzen. Der rhythmische Singsang schlug Sarah wieder in seinen Bann.

Kurz entschlossen versuchte sie gemeinsam mit den anderen ebenfalls um das Feuer zu tanzen. Vermutlich sah das nicht ganz so elegant aus.

Als sie eine Pause machten, sagte Said: »Und jetzt seid ihr dran!« Gemeint war die musikalische Darbietung. Darauf waren sie nicht gefasst gewesen. Es folgte betretenes Schweigen. Sarah war weder musikalisch noch hatte sie überhaupt irgendwelche Liedtexte im Kopf. Also hoffte sie, dass jemand anderer aus der Gruppe sich erbarmen und ein Lied anstimmen würde.

Nachdem sie einige bekannte Lieder mehr schlecht als recht heruntergespult hatten, kam eine der Österreicherinnen mit einer entsprechenden Ausbildung auf die Idee zu jodeln. Sarah und auch die anderen mussten innerlich, teilweise auch äußerlich, grinsen. Man musste das ja einmal auf sich wirken lassen: Sie waren mitten in der Wüste, tanzten zu Silvester um ein Lagerfeuer – und lauschten einer jodelnden Österreicherin.

Aber es kam noch besser. Während aus der Gruppe niemand etwas zum Jodeln beitragen konnte, fand vor allem Hassan, aber auch ein anderer aus dem Begleitteam Gefallen am Jodeln und versuchte mitzumachen. Und sie hatten definitiv Talent! Zwar verstanden sie den Text nicht, aber dafür den Rhythmus umso besser. Sie klatschten, tanzten und summten mit Begeisterung mit! Es war ein Bild für Götter, und zwar eines, an das sich Sarah von nun an jedes Jahr zu Silvester erinnern würde. Trotz der Kälte wurde die Stimmung nach und nach aufgelockerter. Und das ganz ohne den Wein, den sie immer noch nicht ausgetrunken hatten.

Endlich wurde es Mitternacht. Sie wünschten einander ein gutes neues Jahr und umarmten sich, als plötzlich der Donauwalzer erklang. Da Österreicher offenbar kein Silvester ohne die heimliche Hymne des Landes verbringen können, hatte jemand den berühmten Walzer von Johann Strauss in weiser Voraussicht aufs Handy geladen und spielte ihn nun in voller Lautstärke ab. So wurden die armen Marokkaner auch noch genötigt, in der Wüste Walzer zu tanzen. Mit Cheche und Wanderschuhen versteht sich. Vermutlich auch mit ein paar blauen Flecken. Dieses Silvester dürfte vermutlich keiner der Teilnehmer, weder Marokkaner noch Touristen, so schnell wieder vergessen.

Trotz der großartigen Stimmung krochen sie alle noch vor ein Uhr mit einer Wärmflasche in ihre Schlafsäcke. Es war einfach zu kalt.

Sarah hatte ein gutes Gefühl, so gut wie schon lange nicht mehr zum Jahreswechsel. Es würde ein super Jahr werden. Davon war sie überzeugt. Da war es ein Vorteil, dass sie zu diesem Zeitpunkt nicht wusste, was das soeben angebrochene Jahr 2020 tatsächlich bringen würde ...

Besuch vom Militär

Der Neujahrstag war für Sarah und ihre Gruppe ein ganz normaler Tag in der Wüste. Mittlerweile waren sie ja schon geübt und hatten die tägliche Routine vollkommen intus. Von der optimalen Verwendung des kleinen Waschschüsselchens am Morgen bis zur perfekten Platzierung der Wärmflasche im Schlafsack beim Schlafengehen. Wörter wie Dusche kamen in den Unterhaltungen nur noch selten vor.

Geistig war Sarah mittlerweile tiefenentspannt. Im Grunde dachte sie an gar nichts mehr oder zumindest an nichts, an das sie mehr als einen Gedanken hätte verschwenden müssen. Hätte man sie nach irgendwelchen Passwörtern oder PIN-Codes gefragt, sie hätte sich vermutlich an keine erinnern können. Und das war eine echte Wohltat. Genau das hatte sie gebraucht, und noch bei keiner ihrer bisherigen Reisen hatte sie diesen Zustand jemals erreicht. Es war ein Zustand vollkommener Zufriedenheit. Ganz ohne äußeren Luxus. Offenbar brauchte sie gar nicht so viel, um glücklich zu sein.

Langsam bekam sie den Hauch einer Ahnung, warum ihr Begleitteam immer so fröhlich und entspannt war. Auch wenn sie sicher im Vergleich zu anderen Marokkanern gut bezahlt wurden, Geld konnte es nicht sein, das sie glücklich machte. Es musste etwas mit ihrem Lebensstil im Einklang mit der Natur zu tun haben. Sicherlich auch mit der Kultur, aber da fehlte Sarah definitiv der Einblick. Fast war sie ein bisschen neidisch auf die konstante Gelassenheit der Berber.

Sie selbst war nach einigen Tagen Wüstenwandern zwar auch glücklich und gelassen, mittlerweile körperlich aber schon etwas erschöpft.

Said hatte immer wieder einmal erzählt, dass sie teilweise sehr nah an der algerischen Grenze entlangwanderten. Allerdings in keinem gefährlichen Gebiet. Wie nah sie tatsächlich waren, stellte sich an einem der folgenden Tage heraus, als die Gruppe aus heiterem Himmel ein mittlerweile völlig unvertrautes Geräusch hörte: den Klingelton eines Handys, der den Eingang eines SMS ankündigte. Sarahs Handy war die ganze Zeit über im Flugmodus, ihres konnte es also nicht sein. Plötzlich zog eine der Teilnehmerinnen ein altmodisches Mobiltelefon aus der Tasche, das – mangels Benutzung – offenbar immer noch geladen war.

Der Akku von Sarahs Smartphone hatte nicht so lange durchgehalten, sie hatte es schon zweimal mithilfe einer Powerbank laden müssen. Aber sie hatte ja auch fotografiert.

Nun blickte Sarah in das verwirrte Gesicht einer anderen Österreicherin. Diese berichtete, dass sie ein SMS erhalten hätte, weil ihr Mobilfunkanbieter offenbar der Meinung war, dass sie sich bereits in Algerien befand. Man riet ihr, sich an die Botschaft in Rabat zu wenden. Offenbar waren sie noch näher an der Grenze als bisher angenommen. Said versicherte aber, dass sie sie nicht überschritten und sogar noch einen gewissen Sicherheitsabstand hätten.

Sarah fragte sich indessen, wie man in der Wüste die Grenze überhaupt erkennen sollte. Es würde wohl kaum irgendwelche Grenzzäune oder Markierungen geben. Und selbst wenn, würde der Wind sie sofort mit Sand bedecken. Aber sie behielt ihre Gedanken für sich und machte sich dennoch keine Sorgen. Nach mehreren Tagen mit Said und dem Team in der Wüste war ihr Vertrauen grenzenlos und unerschütterlich und sie war überzeugt, dass sie und die Gruppe in guten Händen waren.

Am Abend gab es eine weitere Überraschung, die auf die Grenznähe hinwies. Der Koch bereitete gerade das Abendessen vor, die Dromedarführer kümmerten sich um Lebensmittel und Gepäck und die Wandergruppe machte sich frisch oder erkundete die Gegend.

Plötzlich näherten sich mehrere Männer in Militäruniform dem Lager. Sarah blickte sie irritiert an, sie hatte keine Ahnung, woher die Soldaten so plötzlich gekommen waren. Zweifelsohne mussten sie irgendwo ein Fahrzeug haben, aber es war nirgends zu sehen und gehört hatte sie es auch nicht. Als sie Said fragte, erklärte er, dass es marokkanisches Militär war. Glücklicherweise. Nicht auszudenken, wenn es algerisches gewesen wäre. Offenbar gab es auch in der Wüste Militärpatrouillen, lernte Sarah.

Für sie war klar, dass der Besuch des Militärs wohl in irgendeiner Form Ärger bedeutete. *Sind wir zu nahe an der Grenze? Oder haben wir sie doch überschritten? Haben wir irgendwen oder irgendetwas aufgeschreckt?* Noch tausend andere Fragen dieser Art gingen ihr durch den Kopf. Auch die anderen aus der Gruppe wussten nicht so recht, was sie mit der ungewohnten Situation anfangen sollten.

Said schien allerdings nicht sehr irritiert, wobei sich Sarah nicht sicher war, ob es überhaupt eine Situation geben konnte, die den stets gelassenen und freundlichen Guide aus der Fassung bringen könnte. Sie beobachtete, wie ihr Begleitteam die Männer höflich begrüßte und ins Küchenzelt einlud. Danach waren nur noch Stimmen zu vernehmen. Da aber keiner aus der Gruppe Arabisch sprach, hatten sie nach wie vor keine Ahnung, was vor sich ging.

Beim Abendessen fragten sie wieder Said, der sporadisch aus dem Küchenzelt auftauchte, um die Köstlichkeiten des Abends zu bringen. Der grinste nur und meinte: »Ach, die kriegen jetzt gut von uns zu essen und zu trinken, und dann ist alles gut.« Hm. Ob es stimmte oder nicht, dass es sich einfach um eine Routine-Militärpatrouille handelte, die hier auf Streife ging und nach dem Rechten sah, fanden sie nie heraus.

Jedenfalls hörten sie noch lange fröhliche Stimmen und das Geklapper von Geschirr und Gläsern aus dem Küchenzelt. Am nächsten Morgen waren sie wieder allein, die Männer in Uniform waren verschwunden.

In jedem Fall schien die berühmte marokkanische Gastfreundschaft alles ins Lot gebracht zu haben, sofern überhaupt etwas aus dem Lot gewesen war.

Der letzte Tag in der Wüste

Und dann kam er auch schon, der letzte volle Tag in der Wüste. Sarah blickte ihm mit gemischten Gefühlen entgegen. Einerseits hätte sie noch ewig in der Wüste bleiben können, weit weg vom realen Leben und den Alltags- und Jobproblemen in der Heimat, einfach nur tief entspannt fokussiert auf das, was das Leben ihr gerade bot. Essen, wandern, schlafen. Die Simplizität des Lebens in der Wüste – das galt natürlich nur, wenn man sich als Touristin in die Hände eines kompetenten und freundlichen Begleitteams begeben konnte – war etwas, das sie am liebsten für immer beibehalten würde. Andererseits war sie von der körperlichen Anstrengung mittlerweile etwas ausgelaugt, daher hätte sie zumindest gegen ein oder zwei Tage Wanderpause absolut nichts einzuwenden gehabt. Und, auch wenn sie das vor den anderen nicht so leicht zugegeben hätte, sie sehnte sich auch nach einer Dusche und einem ordentlichen Bett. In drei Tagen zurück nach Hause fliegen wollte sie allerdings definitiv nicht. Eigentlich konnte sie sich das nicht einmal vorstellen, schließlich war sie gerade noch in der Sahara. Und solange sie hier war, ließ sich dieser Gedanke auch recht gut zur Seite schieben.

Bevor sie an diesem Tag losgingen, gab es noch eine kleine, ungeplante Showeinlage. Während die Dromedare unter ihrem üblichen »Gezicke« bepackt wurden, schlich sich eine gewisse Unruhe bei den Tieren ein. Sarah wusste zuerst nicht, woher sie kam, bis die Dromedare sich plötzlich losrissen und davonrannten.

Es stellte sich heraus, dass sie Besuch erhalten hatten – von einer Gruppe weiblicher Dromedare. Woher auch immer die so schnell gekommen waren. Kaum lugten ihre Köpfe hinter einer Düne hervor, gab es auch für die bravsten Tiere kein Halten mehr. Die Dromedarführer erkannten die Sachlage sehr schnell und rannten den Entkommenen wie die geölten Blitze hinterher.

Durch den Kickstart und das teilweise nicht ganz für einen Wüstensprint passende Schuhwerk wurde der eine oder andere allerdings aus der Kurve getragen … Nach ein paar Minuten brachten sie die von ihren Hormonen davongetriebenen Tiere allerdings wohlbehalten wieder zurück. Zum Glück.

Ohne Dromedare wäre es wohl eher schwierig gewesen, das ganze Gepäck noch einen weiteren Tag zu transportieren.

Dieser Tag würde sie schon recht nahe zu jenem Punkt bringen, an dem der Kleinbus sie wieder abholen würde. Im Laufe der Wanderung wurde die Wüste immer grüner, immer mehr Sträucher säumten ihren Weg. Am Nachmittag sahen sie plötzlich Palmen, die ersten, seit sie in der Wüste waren.

Sarah wusste nicht so recht, ob sie das gut oder schlecht finden sollte. Eigentlich liebte sie Palmen, aber dass sie welche sah, hieß, dass sie schon sehr nahe an der Zivilisation waren. Das wollte sie auch nicht, oder irgendwie doch? Nach einer Pause, die sie ungewohnterweise im Schatten einer der Palmen verbracht hatten, fragte Said: »Will noch einmal jemand auf Georg reiten? Das ist eure letzte Chance.«

Uff. Auch wenn es die letzte Chance war, Sarahs Bedarf an Dromedarreiten war für diese Reise gedeckt. Sie hatte das noch als höchst unkomfortabel und anstrengend in Erinnerung.

Einer aus der Gruppe, Dieter, ergriff jedoch die Chance, schien allerdings nicht mehr ganz im Kopf zu haben, dass selbst das Auf- und Absteigen bei so einem großen Tier nicht so einfach war. Während das Dromedar kniete und von Hassan beschwichtigt wurde, hievte er sich also mithilfe des Guides etwas umständlich auf die blaue Matte, die quer über das Tier gebunden war und als Sattel diente.

Darunter hingen wie immer links und rechts Körbe, die vor allem mit Wasserflaschen befüllt waren. Diesmal war das Wasser aber etwas ungleich verteilt, was eine leichte Schieflage der gesamten Konstruktion verursachte. Das machte sich allerdings erst so richtig bemerkbar, als das Dromedar aufstand. Zuerst ging es halb auf die Vorderbeine, stemmte dann die Hinterbeine hoch, um erst danach die Vorderbeine ganz durchzustrecken. Dieses Aufstehen in Etappen ist immer eine Herausforderung für den Reiter, aber diesmal wegen der ungleich gefüllten Körbe ganz besonders.

Es kam, wie es kommen musste: Dieter versuchte sich festzuhalten und schaffte es auch, auf dem Tier zu bleiben, bis es ganz aufgerichtet war.

Doch dann, wie in Zeitlupe, verlagerten sich die Körbe, und damit auch die darüber gebundene Matte, auf die schwerere Seite. Schließlich verlor auch der tapfere Dieter trotz aller Bemühungen den letzten Halt. Er rutschte, ebenfalls im Zeitlupentempo, wie ein Mehlsack vom Dromedar, direkt in die Arme von Said.

Es folgte – Stille. Aber nur kurz. Danach brachen alle in schallendes Gelächter aus und konnten sich minutenlang nicht mehr beruhigen. Zu sehr hatte das Ganze wie eine Szene in einem schlechten Film ausgesehen. Nachdem er von Said und Hassan von den Körben befreit worden war, stimmte auch der unglückliche Doch-nicht-Reiter ins Gelächter mit ein. Den Absturz hatte er ohne gröbere Blessuren überstanden.

Nach diesem kleinen Zwischenfall wanderte die Gruppe noch eine Weile weiter. Bald waren die Zeichen der Zivilisation nicht mehr zu übersehen. Sie gingen vorbei an Hütten und sogar an einfachen Häusern. Hier wurden Touristen untergebracht, die die Wüste auf eine etwas komfortablere Art kennenlernen wollten. Sarah hatte dafür nur Verachtung übrig. Jetzt, wo sie wusste, wie eindrucksvoll es in der Wüste war, wenn man nur ein Zeltdach über sich hatte, konnte sie sich nicht mehr vorstellen, in so einer Touristenunterkunft zu schlafen und womöglich noch mit dem Jeep in die Wüste zu fahren. *Das ist doch nur was für Möchtegerns. Womöglich haben die sogar noch Satellitenfernsehen. Wer will denn so was?*

Ihr letztes Camp war eines der schönsten auf dieser Wanderreise. Es befand sich in einer Mulde, umgeben von sanften Dünen, die mit Büschen und niedrigen Bäumen bewachsen waren. Auch die Wüste zeigte sich an diesem Abend noch einmal von ihrer besten Seite und bereitete ihnen einen wunderschönen orangeroten Sonnenuntergang. Selbst das Mondlicht war ihnen wohlgesinnt. Die Dromedare legten sich zu den Büschen und warfen gemeinsam spektakuläre Schatten. Es war, als wollte die Wüste den Menschen den Abschied extra schwer machen.

Ohne dass sie sich abgesprochen hatten, versammelten sich alle nach dem Abendessen im Küchenzelt. Das Video des Sturzes vom Dromedar machte die Runde und führte in der gesamten Gruppe inklusive des Begleitteams zu großem Gelächter, in das der arme Betroffene wohl oder übel einstimmte. Glücklicherweise nahm er die Unterhaltung auf seine Kosten mit Humor.

Schließlich stimmten die Berber noch einmal ihre rhythmischen Gesänge an und trommelten dazu. Sarah hätte ewig zuhören können. Animiert von den Berbern und in dem Wissen, dass es der letzte Abend in der Wüste war, passierte es fast von selbst, dass sie am Ende alle miteinander sangen. Die Europäer imitierten die Worte zwar nur und hatten keine Ahnung, was sie da eigentlich sangen, aber das war egal. Es war die perfekte Stimmung am Ende einer perfekten Reise. Da fiel es schwer, sich irgendwann mit der obligaten Wärmflasche ins Zelt zurückzuziehen. Aber es half nichts.

Für Sarah gab es jedoch eine Sache, die sie unbedingt noch in der Wüste tun wollte. Die ganze Zeit über hatte sie es aufgeschoben, aber nun ging das nicht mehr. Heute, in dieser allerletzten Nacht, wollte sie unter freiem Himmel schlafen und sich vom strahlenden Sternenhimmel in den Schlaf begleiten lassen.

Mit dieser Idee war sie auch nicht allein, und so schlug sie ihr hartes Lager gemeinsam mit einer zweiten Frau aus der Gruppe in der Mitte des Camps auf. Sie wusste, dass es eine Herausforderung werden würde. Das Zelt schützte wenigstens minimal vor Kälte, hier draußen gab es aber nur den doppelten Schlafsack und die Wärmflasche. Dennoch, diesmal würde sie es wagen, getrieben von der Frage: »Wer weiß, ob ich jemals wieder die Chance dazu bekomme?«

Und da lagen sie nun zu zweit unterm Sternenhimmel, während die Geräusche aus den Zelten rundherum langsam verstummten. Sarah konnte kaum glauben, dass sie es nun wirklich durchgezogen hatte, während sie versuchte, ihr Gesicht bestmöglich vor der Kälte zu schützen.

Es war ein Dilemma, denn natürlich war es am wärmsten, wenn sie praktisch komplett in ihren Schlafsack abtauchte, nur dann konnte sie auch die Sterne nicht sehen. Und genau deswegen war sie ja eigentlich hier.

Während sie noch ihre optimale Schlafposition suchte, erhob sich ihre Mitstreiterin. »Sorry, aber mir ist zu kalt, ich gehe ins Zelt«, sprach's, packte ihre Sachen und verschwand. So blieb Sarah allein zurück.

Sie blickte in den leuchtenden Sternenhimmel und ignorierte die Kälte, so gut es ging. Der Mond strahlte hell, fast blendete er sie, und die Sterne funkelten und glänzten nur für sie. Die Milchstraße war klar zu erkennen, ebenso wie die Sternbilder, auch wenn sie bei den meisten nicht wusste, wie sie hießen. *Warum habe ich das nicht früher gemacht?* Im Zelt war es schließlich auch kalt.

Irgendwann versank sie in den Anblick des nächtlichen Himmelszelts und ließ sich einfach treiben. In diesem Moment konnte sie sich nichts Schöneres und Friedlicheres vorstellen. Bald befand sich ihr Geist irgendwo zwischen Wachzustand und Traum.

Da, plötzlich sah sie sie! Die Sternschnuppe, auf die sie die ganze Woche gewartet hatte. Sarah - nun wieder hellwach - verfolgte gebannt ihren Lauf quer über den Himmel, bis sie wieder verschwand. Erst dann wurde ihr bewusst, dass sie sich nichts gewünscht hatte. Said hatte recht behalten. Wenn es endlich so weit ist, findet sich kein Wunsch mehr. Sie fand, dass es so genau richtig war. Was hätte sie sich beim Anblick dieses Sternenzelts auch wünschen sollen?

Foto: unaihuiziphotography, Freepik

Zurück in die Zivilisation

Zurück in die Zivilisation

Irgendwann war sie offensichtlich eingenickt. Als sie erwachte, war sie richtig erholt. So gut geschlafen hatte sie die ganze Woche nicht. Wieder fragte sie sich, warum sie nicht alle Nächte im Freien verbracht hatte.

Es war noch sehr früh, niemand regte sich. Nach einiger Zeit hörte Sarah das beruhigende Geklapper aus dem Küchenzelt, und es wurde ihr schlagartig bewusst, dass es das letzte Mal war. Sie hatte keine Ahnung, wie lange sie so ihren Gedanken nachgehangen war, als sie Schritte hörte.

Said kam auf sie zu, sah auf sie herunter und griff nach ihrer Hand. »Guten Morgen, hast du gut geschlafen?«, fragte er. Sie bejahte geradezu begeistert, schälte sich aus ihrem Schlafsack und nahm ein Schüsselchen mit warmem Wasser in Empfang. Auch zum letzten Mal. Bereits heute Abend würde es die heiß ersehnte Dusche geben. Ein seltsamer Gedanke.

Nach dem Frühstück packten sie endgültig zusammen, diesmal besonders sorgfältig. Die geliehenen Schlafsäcke und Kopfkissen wurden von den persönlichen Sachen getrennt und auf zwei verschiedene Haufen gegeben. Auch die Dromedare wurden in zwei Gruppen aufgeteilt. In jene, die sie bis zum Kleinbus begleiten, und die anderen, die sie schon vorher verlassen würden.

Langsam ging die Sonne auf. Genau wie der Sonnenuntergang am Abend zuvor war auch der Sonnenaufgang besonders malerisch, als die Sonne sich langsam hinter einer mit Büschen bewachsenen Düne erhob und den Himmel in ein gelboranges Licht tauchte. Wie am Anfang stand die Wandergruppe nun etwas unschlüssig herum, weil es für sie kaum noch etwas zu tun gab. Nur ein bisschen Geschirr konnten sie noch abtrocknen. Nach einem Gruppenfoto war es Zeit für eine erste Trennung.

Sarah musste lachen, als sie das verdatterte Gesicht ihres Lieblingswanderkollegen Gerhard sah. Einer der Dromedarführer war auf ihn zugekommen, wollte ihn offensichtlich umarmen und sagte etwas, das auf das erste Hinhören nicht gleich verständlich war. Als er es wiederholte, »übersetzte« Sarah grinsend. Der Mann sagte einfach nur »Au revoir« …

Nachdem sich einige Dromedarführer mit ihren Tieren auf diese Weise verabschiedet hatten, machte sich der Rest mit der Gruppe auf den Weg zum Kleinbus. Eine letzte Stunde Wüstenwanderung. Bald schon konnten sie von irgendwoher den Ruf des Muezzins vernehmen, ein weiteres Vorzeichen der Zivilisation.

Es war seltsam, wieder einen Kleinbus neben einer Art Straße zu sehen. Aber noch seltsamer fand Sarah, die Said in der letzten Stunde aus den Augen verloren hatte, den Anblick des Guides, als sie sich dem Fahrzeug näherte. Er hatte sich umgezogen. Jetzt trug er wieder Jeans und Hoodie, den Cheche hatte er nur noch locker um den Hals geschlungen. Der Wüstenguide war verschwunden, stattdessen blickte Sarah ein typischer marokkanischer Städter entgegen. Wie schon bei der Ankunft in der Wüste war Sarah von der plötzlichen Verwandlung des Mannes fasziniert. Kleider machen Leute. Das Sprichwort ließ sich nicht bestreiten.

Nun mussten sie sich auch von den anderen Dromedarführern verabschieden, dann bestiegen sie den Bus und traten die Rückreise nach Marrakech an. Den meisten erging es ähnlich wie Sarah, ihre Gefühlswelt schwankte zwischen Wehmut und Vorfreude auf Dusche und Bett.

Bald schon kamen sie an kleinen, extrem ärmlich wirkenden Dörfern vorbei. Die Wüste war schnell nicht einmal mehr im Rückspiegel zu erkennen. Zum Mittagessen gab es noch einmal das obligate Picknick. Diesmal hatten sie professionelle Hilfe, denn der Koch begleitete sie zurück nach Marrakech, von wo aus er für ein paar Tage in sein Dorf zurückkehren würde, um sich vor der nächsten Tour zu erholen und seine Familie wiederzusehen.

Die Fahrt zog sich in die Länge. Sarah bekam bald nicht mehr viel mit. Die Müdigkeit übermannte sie immer wieder. Eigentlich hätten sie am späten Nachmittag wieder in Marrakech eintreffen sollen, aber daraus wurde nichts. Lange bevor sie die Außengrenze der Metropole erreichten, standen sie im Stau. Bald erfuhren sie auch den Grund. Der König weilte in Marrakech und hatte zur Wildschweinjagd geladen. Mit der Konsequenz, dass es viele Straßenkontrollen gab, die zu Staus führten. Da sich dies nicht ändern ließ, mussten sie sich wohl oder übel in Geduld üben.

Es war schon kurz vor Sonnenuntergang, als sie jenen Platz in Marrakech erreichten, von dem aus es nur noch zu Fuß – das heißt mit Unterstützung ihres bereits bekannten Gepäcktransporteurs mit dem großen Handwagen – weiterging.

Sarah blinzelte verwirrt. Der Lärm der Stadt, der enorme Verkehr und die vielen Menschen überforderten sie. Vermutlich wäre das auch sonst so gewesen, aber nach einer Woche Wüste war der Kontrast umso größer. *Ich will hier wieder weg,* dachte sie spontan und fragte Said, ob er, der diesen Kontrast mehrmals im Monat erlebte, auch Probleme mit der Umstellung hätte. »Mir ist die Stadt auch zu laut«, bestätigte er. »Die Wüste ist mir lieber.« Offenbar gewöhnte sich selbst ein Einheimischer nicht an diese extremen Unterschiede.

Die Gruppe wurde diesmal auf zwei Unterkünfte aufgeteilt, je nach Abflugzeit am übernächsten Tag. Sarah wurde mit vier anderen in ein wunderhübsches, kleines Riad gebracht, das nur einen Steinwurf entfernt von jenem lag, in dem sie die erste Nacht verbracht hatten.

Es wurde von einer Frau geführt, was Sarah wieder einmal daran erinnerte, dass man mit Vorurteilen anderen Kulturen gegenüber aufpassen sollte. Ihre Gastgeberin bot ihnen Tee und Kekse an, was sie nachdem sie aufgrund der extralangen Fahrt mittlerweile gewaltigen Hunger hatten – dankend annahmen. Womit sie nicht gerechnet hatten, war, dass es offenbar lange dauern konnte, bis so ein Tee fertig war.

Da es WLAN gab, zückten die anderen ihre Handys, um zu sehen, was es Neues in der Welt gab, und um Verwandten und Freunden ein Lebenszeichen zu schicken. Sarah konnte sich jedoch nicht überwinden, es ihnen gleichzutun. Sie wollte die Welt noch ein wenig von ihrem Leben fernhalten. Morgen war es früh genug, sich zurückzumelden.

Mittlerweile war es spät und der Hunger immer größer geworden. Übereinstimmend verwarfen sie den Plan, ausgiebig zu duschen, sich frisch zu machen und sich umzuziehen, bevor sie sich ein Lokal zum Essen suchten. Stattdessen gab es Katzenwäsche, ein bisschen Deo und den sinnlosen Versuch, die Haare etwas weniger ungepflegt aussehen zu lassen. Es war ihnen egal.

Sie selbst waren ihren gegenseitigen Anblick ja mittlerweile gewöhnt und außerdem kannte sie ja hier niemand. Noch vor einer Woche wären sie niemals in diesem Zustand in ein Lokal gegangen, aber sieben Tage Wüste hatten alle Eitelkeiten zum Verschwinden gebracht. Das Essenzielle überwog nach wie vor: zuerst essen, dann schlafen.

Sie suchten sich ein Restaurant ums Eck, das über eine schöne Dachterrasse verfügte, von der aus man einen guten Überblick über die Stadt hatte. Sollte der Kellner ihre Aufmachung merkwürdig gefunden haben, ließ er sich zumindest nichts anmerken und sprach sie höflich mit »Monsieur« beziehungsweise »Madame« an. Die bestellten Tajines schmeckten ihnen jedenfalls auch so köstlich.

Wieder zurück im Riad befand Sarah, dass sie zumindest nicht stinkend ins Bett gehen wollte, und stellte sich gefühlt eine halbe Stunde unter die Dusche. Das heißt, drunterstellen konnte sie sich eigentlich nicht, denn es gab keine Halterung für den Brausekopf und auch sonst schienen ihr sämtliche Schrauben und Befestigungen im Zimmer entgegenzukommen.

Sie erinnerte sich, dass das bereits im ersten Riad so gewesen war. Anscheinend war Stabilität hier nicht so wichtig. Dennoch genoss sie das warme Wasser und das Duschgel auf ihrer Haut. Vom Bett ganz zu schweigen. So ein bisschen Zivilisation war auch nicht schlecht. Bald schlief sie ein, trotz der dünnen Wände in der Unterkunft und des Lärms der Stadt. Zeit zum Ausschlafen hatten sie allerdings nicht, denn schon am nächsten Morgen war eine Stadtführung vorgesehen.

Noch einmal Marrakech

Als sich die ganze Gruppe am vorletzten Tag der Reise für die Stadtführung traf, gab es Gelächter und jede Menge Kommentare über das äußere Erscheinungsbild jedes Einzelnen. Eine Teilnehmerin brachte es auf den Punkt: »Ach, so seht ihr also aus, wenn ihr gewaschen seid.« Sarah fand, dass der Unterschied bei den Männern optisch – geruchlich war das etwas anderes – gar nicht so groß war, bei den Damen, die nun wieder geföhnt und adrett gekleidet erschienen waren, dagegen durchaus.

Die Stadtführung durch die Medina von Marrakech war das letzte Highlight der Reise. Dafür vertrauten sie sich einem Stadtführer an, der mit seiner grauen Djellaba ganz dem Bild eines typischen Einheimischen entsprach.

Weniger typisch war wohl, dass er perfektes, geradezu gewähltes Deutsch sprach, da er lange Zeit in Deutschland gelebt hatte. Mit seiner unterhaltsamen Art und den vielen Anekdoten war er der perfekte Stadtguide, während der eher ruhige und zurückhaltende Said perfekt für die Wüste gewesen war.

Die Gruppe »lernte« zum Beispiel, wie man hier im dichten Verkehr die Straße überquert: Augen zu, »Inshallah« (= »so Gott will«) sagen und gehen. Oder wie man allzu aufdringliche Händler im Souk wieder loswird: Man schnalzt einfach laut mit der Zunge. Sarah war sich nicht sicher, ob das tatsächlich funktionierte, aber die Geschichte war zumindest unterhaltsam. Ihre späteren Versuche brachten gemischte Ergebnisse.

Noch einmal überquerten sie den Jemâa el Fna. Und danach tauchten sie tief in die Souks ein, immer darauf achtend, dass sie ihren Guide nicht verloren. Für den Fall, dass sie sich einmal dort verlaufen sollten, gab er ihnen ebenfalls einen nützlichen Hinweis: ein Geschäft oder einen Stand mit (am besten ausschließlich) Frauen suchen und sie nach dem Weg fragen. Frauen würden einen zuverlässig wieder aus dem Souk lotsen, bei Männern sei das nicht so sicher. Auch eine Weisheit, die Sarah nicht überprüfen konnte und auch nicht wollte.

Überprüfen konnte sie aber, dass das bekannte **Palais de Bahia** tatsächlich so beeindruckend war, wie sie gelesen hatte, und dass das Wahrzeichen von Marrakech, die berühmte **Koutoubia-Moschee**, wirklich schon von Weitem sichtbar war.

Gern hätte Sarah noch einige der anderen Sehenswürdigkeiten wie den Jardin Majorelle oder den Anima-Garten von André Heller gesehen, doch dafür reichte die Zeit diesmal nicht. Als kleine Entschädigung bekam sie aber noch einen Einblick in die marokkanische Gewürzwelt und lernte etwa, dass Schwarzkümmel nicht nur interessant schmeckt, sondern richtig angewendet auch die Nase frei macht und gegen allerlei andere Beschwerden hilft.

Palais de Bahia

Die riesige Anlage des Bahia-Palastes, der im 19. Jahrhundert erbaut wurde, gehört zu den schönsten Sehenswürdigkeiten von Marrakech. Leider kann nur ein kleiner Teil besichtigt werden. Im Bahia-Palast treffen andalusische und maurische Baukunst aufeinander, eine gewisse Ähnlichkeit mit der spanischen Alhambra ist erkennbar. Zur Anlage gehört ein beeindruckender Garten. Der gesamte Palast mit etwa 160 Räumen, mit Riads und Innenhöfen erstreckt sich auf mehr als 8.000 Quadratmetern Grundfläche. Besonders schön ist der erste Innenhof, der wie ein Garten mit Orangenbäumen, Bananenstauden, Zypressen und Jasminhecken angelegt ist.

Koutoubia-Moschee

Die Koutoubia-Moschee, die wörtlich übersetzt »Moschee der Buchhändler« heißt, ist das Wahrzeichen von Marrakech. Sie befindet sich in einem Palmengarten und steht im Unterschied zu vielen anderen Moscheen in Marokko frei. Mit ihrer Fertigstellung 1157 bekam Marrakech die ersten Stadtrechte. Das 77 Meter hohe Minarett, das erst deutlich nach der eigentlichen Moschee fertiggestellt wurde, kann von fast jedem Punkt der Stadt gesehen werden. Leider darf die Moschee, die 25.000 Gläubigen Platz bietet, von Nichtmuslimen nicht besichtigt werden.

Nach Ende der Führung hatte die Gruppe den ersten freien Nachmittag seit ihrer Ankunft in Marokko. Sarah versuchte sich im Shoppen und war hinterher sichtlich stolz, einen kleinen Lederrucksack und Sandalen zu einem Spottpreis erworben zu haben, auch wenn sich die Händler vermutlich ebenfalls über ein gutes Geschäft gefreut hatten. Als kleines Geschenk für sich selbst kaufte sie außerdem noch marokkanische Kekse in einem Geschäft, das sie von Said empfohlen bekommen hatten.

Am Abend gingen alle - inklusive Said - noch einmal gemeinsam essen. Wieder hatte Sarah die Kälte unterschätzt. Da sie ja nicht mehr in der Wüste waren und Sarah nachmittags ohne Jacke hatte herumlaufen können, hatte sie ihre Winterjacke für das Abendessen gar nicht mitgenommen. Das sollte sich als Fehler herausstellen, denn auch hier fand das Essen im Freien statt. *Nächstes Mal mache ich es besser,* versprach sie sich selbst, als sie bibbernd neben den anderen saß. Denn dass es ein nächstes Mal geben musste - ob mit oder ohne Wüste war noch unklar -, hatte sie bereits fix beschlossen. Trotz der Kälte genoss sie das letzte köstliche Abendessen gemeinsam mit der Gruppe, die ihr mittlerweile richtig ans Herz gewachsen war.

Und dann war es auch schon Zeit fürs Abschiednehmen, zumindest von jenem Teil, der in einem anderen Riad wohnte. Am Jemâa el Fna trennten sich ihre Wege endgültig. Umarmungen und Adressen wurden ausgetauscht. Wieder einmal ging Sarah alles viel zu schnell. Sie würde die gesamte Reise wahrscheinlich erst hinterher so richtig realisieren. Auch von Said mussten sie sich hier verabschieden. Der würde in drei Tagen eine neue Gruppe übernehmen. Sarah konnte sich das gar nicht vorstellen. Konnte es überhaupt eine andere als ihre Gruppe geben?

Wieder zu Hause

Das Frühstück am letzten Tag kam Sarah vor wie ihre Henkersmahlzeit. Nur noch ein paar Stunden, und sie würde im Flugzeug nach Hause sitzen und die ganze Reise würde ihr nur noch wie ein Traum vorkommen. Von den letzten Sandresten in ihrem Gepäck vielleicht abgesehen.

Auch die anderen, die mit ihr gemeinsam nach Hause fliegen sollten, waren mittlerweile gedrückter Stimmung. Sie wollten hier nicht weg. Zu Hause war es kalt und ungemütlich, außerdem wartete die Arbeit auf sie. Hier war es sonnig und warm, zumindest tagsüber.

Doch es half nichts. Einmal noch kam ihr Gepäcktransporteur mit dem Handwagen, lud ihr Gepäck auf und brachte sie zum Taxi.

Am Flughafen gaben sie ihre letzten Dirham aus und warteten darauf, dass die Austrian-Airlines-Maschine sie nach Hause bringen würde. Mit zwei Stunden Verspätung tat sie das auch.

Wenige Stunden danach saß Sarah wieder allein in ihrer Wohnung. So wie weniger als zwei Wochen zuvor. Aber diesmal hatte sie keine Angst. Diesmal blickte sie mit Begeisterung und gleichzeitig mit etwas Wehmut auf die vergangenen Tage zurück.

Was hätte ich alles verpasst, wenn ich nicht geflogen wäre? Gott sei Dank habe ich das nicht ausprobiert. Sie fühlte sich körperlich müde und freute sich auf ihr Bett, gleichzeitig war sie erfüllt von Dankbarkeit für die tolle Reise, die schönen Begegnungen und die beeindruckenden Erlebnisse, die sie nie mehr vergessen würde. Außerdem war sie so entspannt und ruhte so sehr in sich selbst wie noch nie in ihrem Leben.

Eine Entspannung, die sie in diesem Jahr noch brauchen sollte. Wie oft würde sie sich in diesem Schicksalsjahr wünschen, dass sie jemand in die Wüste schickte. Und zwar wörtlich und nicht im übertragenen Sinn. Egal ob sie jemals wieder in die Wüste reisen würde oder nicht: Die Erinnerung an die schönen Momente und die tiefe Entspannung würden ihr für immer bleiben.

Apropos Erinnerung: Noch Wochen nach ihrer Rückkehr fand Sarah Sandkörner in ihren Sachen, ganz so, als wollte auch die Wüste, dass sie sie nicht vergaß.

Foto: RossArt – Fotografie

Sonja Warter lebt als selbstständige PR-Beraterin, Autorin und Ghostwriterin in Wien.

Nach mehreren Jahren in multinationalen Pharmakonzernen widmet sie sich nun vor allem ihren Lieblingstätigkeiten: dem Reisen und dem Schreiben. Neben ihrer Tätigkeit als PR-Beraterin arbeitet sie heute vermehrt als Ghostwriterin.

»Bitte schickt mich in die Wüste« ist ihr erstes eigenes Buch.